Differenz des Fichteschen
und Schellingschen Systems
der Philosophie

费希特与
谢林哲学体系的
差异

[德] 黑格尔 著

王志宏 译

中国出版集团
东方出版中心

图书在版编目（CIP）数据

费希特与谢林哲学体系的差异 /（德）黑格尔著；
王志宏译. －上海：东方出版中心，2024.1
ISBN 978-7-5473-2297-0

Ⅰ. ①费… Ⅱ. ①黑… ②王… Ⅲ. ①费希特（
Fichte，Johann Gottlich 1762-1814）－哲学思想－研究 ②
谢林（Schelling，Friedrich Wilhelm Joseph von
1775-1854）－哲学思想－研究 Ⅳ. ①B516.33 ②B516.34

中国国家版本馆CIP数据核字（2023）第223206号

费希特与谢林哲学体系的差异

著　　　者	[德]黑格尔
译　　　者	王志宏
责任编辑	陈哲泓
装帧设计	陈绿竞

出 版 人	陈义望
出版发行	东方出版中心
地　　　址	上海市仙霞路345号
邮政编码	200336
电　　　话	021-62417400
印 刷 者	上海万卷印刷股份有限公司

开　　　本	890mm×1240mm　1/32
印　　　张	6
字　　　数	92千字
版　　　次	2024年3月第1版
印　　　次	2024年3月第1次印刷
定　　　价	45.00元

目　录

前　言

在为数不多的公开声明中，人们承认感觉到了费希特和谢林的体系存在差异，但人们不是力求获得一种对此差异的清晰意识，而是力求规避或遮蔽它。无论是这两个呈现在公众面前的体系直接表达的观点，还是其中谢林就埃申迈尔（Eschenmayer）① 对自然哲学所持的唯心主义异议的回应，都无一语提及这种差别。与此相反，例如，莱茵霍尔德② 对此几乎没有任何细微的感觉，以至于他一度理

① 卡尔·A. 埃申迈尔（1768—1852）：《自然哲学》。

② K. L. 莱茵霍尔德：《十九世纪初叶哲学状况概览论文集》（以下简称《论文集》），汉堡，第一册和第二册，1801 年；第三册，1802 年。［译注］莱茵霍尔德（Karl Leonhard Reinhold, 1757—1823），奥地利哲学家，他是 1787 年在耶拿大学设立的批判哲学教席的首位执掌者，他最初以大众启蒙的支持者而知名，后又是热心而卓有成效的康德哲学的著名普及者。在耶拿大学期间（1787—1794），莱茵霍尔德声称批判哲学需要以更科学和更体系化的形式呈现，力图为批判哲学寻找可以建基于其上的一个自明的第一原则。为满足这种需求，他在 1787 至 1791 年间，以一系列影响深远的论著的形式阐述了自己的"基础哲学"。尽管莱茵霍尔德的基础哲学受到极大批评，但是，他号召对先验观念论作一种更为一贯和系统的阐明，却对康德之后观念论的进一步发展产生深刻影响，并激发了包括费希特在内的其他人寻求一种比莱茵霍尔德更根本的哲学第一原则。在转到基尔大学以后，莱茵霍尔德先是费希特《知识学》的支持者，后来又变成 （转下页）

所当然地认为这两个体系如出一辙、别无二致，而这种看法在此又使得他关于谢林体系的观点荒诞不经。莱茵霍尔德的这种混乱（而不仅仅是由于要把哲学追溯到逻辑而导致的即将面临的[①]——或者说被宣告为已经发生的——哲学革命）就是下面这篇论文的动因。

康德哲学所需要的，就是把它的精神与文辞相分离，并且把纯粹思辨的原理从它所附属的或可能用于推论性反思的其他部分中提炼出来。在范畴演绎的原理中，这种哲学是真正的唯心主义，而这种原理就是费希特以纯粹和严格的形式提炼出来并且把它称为康德哲学之精神的东西。物自身（这个词所客观地表达出来的东西无非就是对立的空洞形式）重新被实体化了，被设定为和独断论者的物那样的绝对的客观性，——一方面，他把诸范畴本身弄成了静止的、僵死的理智用以分类的框架，另一方面，范畴成了最高原则，由此，对绝对本身的表达，比如斯宾诺莎的实体，被消灭了；因此，否定性的推论能够一如既往地取代哲学思考的位置，只不过比以往更多地假借了批判哲学的名头。——这种状况最多存在于康德的范畴演绎的形式中，而绝不会存在于康德哲学的原理或精神中。诚然，如

（接上页）C. G. 巴蒂利的"理性实在论"的支持者，最终提出了一条通过哲学问题的全新的"语言学"路径。更详细的介绍，读者可参看斯坦福哲学百科全书网站的"Reinhold"词条。

① ［译注］原文作 gedrohte，也可以译作"威胁着我们的"。

果我们得自于康德哲学的除了范畴演绎外别无其他的话，那么，他的哲学的这种［从思辨到反思的］转变几乎就不可理解了。思辨的原理，即主体和客体的同一性，就在这个知性形式的演绎中以最确定的方式表达出来。这种知性的理论经受了理性的洗礼。——然而，如果现在康德把这种同一性本身，也就是理性，变成了哲学反思的对象，那么，同一性就会在自身中消失；如果说知性过去被当作理性来对待，那么，与此相反，现在理性就被当作知性来对待。在这里弄清楚了的是，主体和客体的同一性在哪个从属阶段被把握住。主体和客体的同一性被限制在十二个或者毋宁说只是九个纯粹的思维行动中，因为模态并没有给出真正客观的规定；主体和客体的非同一性（Nichtidentitaet）本质上与此相关。在范畴的客观规定外，还有一个由感性和知觉组成的庞大的经验王国，一个绝对的后天王国，对于这个王国来说，除了反思性判断力的主观准则（Maxime）外，没有任何先天性被显示出来。也就是说，非同一性被提升为绝对的根据律（Grundsatz）。一旦同一性，也就是说，理性的东西，被移出理念这个理性的产物，而且和存在绝对对立起来了，——一旦理性作为实践的能力，不能被显示为绝对的同一性，而是在无限的对立中，被显示为纯粹的知性统一的能力，就好像它必须被有限的思维也就是知性所设想，那么，任何其他东西都不能［存在］了。因此就形成了一种对比鲜明的结果：对

11

于知性而言，不存在任何绝对客观的规定，与此相反，对于理性而言，则存在着这样的规定。

对自身的纯粹思维、主体和客体的同一性，以"自我等于自我"的形式出现，这是费希特体系的原理，如果我们单独而直接地坚持这个原理，就像在康德哲学中坚持作为范畴演绎根据的先验原理一样，那么，我们就有了可以大胆地说出来的真正思辨原理。但是，如果［费希特的］思辨越出了它为自己所建立的概念，并且把自身发展成体系，那么，它就抛弃了自己及其原理，从而不能回到自身。它把理性交给了知性，转而进入意识的有限性的桎梏中。它再也不能从这种桎梏中挣脱出来，把自身重建为同一性和真正的无限性。［思辨的］原理自身、先验直观因而处在一个不利的（schiefe）位置，对立于由它演绎出来的多样性。体系的绝对在被哲学反思把握到时①只是以现象（Erscheinung）的形式显示自身，而通过反思被给予绝对的这种规定性，即有限性和对立，是不会被消除的。原理，主体—客体变成了主观的主体—客体。从中演绎出来的东西因此获得了纯粹意识的条件形式，即自我等于自我，而纯粹意识自身则是通过客观的无限性，即时间的无限（in infinitum）前进，获得了一种有条件的形式，在这

① 首版作："在哲学的反思面前"。［译注］首版指 1968 年出版的历史校勘版《黑格尔全集》第四卷《耶拿批判文集》，由哈特穆特·布赫纳与奥托·玻格勒编辑出版。

种情况下，先验直观消失了，自我也不能把自己建构为绝对的自我直观。因此，自我等于自我也就转变为"自我应该等于自我"这个原理。理性被设定为绝对的对立并因此被贬低为知性，所以，这样的理性就变成绝对（das Absolute）必定会显示为它们的那些形态的原理，以及那些形态的科学的原理。

费希特哲学有两个方面，——依照一方面，它纯粹地建立起理性和思辨的概念，这使哲学得以可能；而依照另一方面，它把理性和纯粹意识合而为一，并且将在有限的形态中把握到的理性提升为原理，——必须被区分开来的这两个方面，必定会把自身显示为事情本身的内在必然性。［做这种区分的］外在的动因是时代的需求，首先是漂浮在这种时代需求中的、莱茵霍尔德的那些概述新世纪之初的哲学状况的论文。其中，费希特体系中真正思辨的方面以及因此是哲学的方面遭到了忽视，而无独有偶，谢林体系中有别于费希特体系的那些方面也遭到了忽视；这种区别就在于，在自然哲学中，谢林把主观性的主体客体（dem subjektiven Subjektobjekt）和客观性的主体客体（das objektive Subjektobjekt）对立起来，从而在一个高于主体之处把这二者统一。

至于时代的需求，费希特的哲学已经引起了巨大的轰动，造成了划时代的影响，以至于那些声称与之针锋相对并殚精竭虑要把自己的思辨体系带入正轨的人，也以更模糊和更不纯粹的方式遵循费希特哲学的原理，对这一原理毫无抵抗。这样一个划时代体系接下来的现象是其对手的各种误解和拙劣的行为。如果我们在谈论一个体系时能够说它"行时走运"，那么，这是因为，虽然对于哲学的一种普遍需求并不能生出一种哲学来，——因为它会通过创造一个体系来满足自己，——但这种需求本身借助一种本能的倾向就会转变成这种体系。对于这一体系的被动接受来源于，体系所宣告的东西在内部已经存在，所有人都将在他的科学或生活领域中促成这一体系的有效性。但是，我们绝不能在这个意义上说费希特的体系"行时走运"。虽然有很多东西给时代的非哲学倾向造成了负担，但与此同时，知性和有用性越是与日俱增的重要，有限的目的越是知道如何主张自己，考虑到这些，越好的精神冲动就越是尤其在无偏见的、年轻的世界中变得有力量。诸如《关于宗教的谈话》① 这样的出版物并不直接涉及思辨的需求，因此，那些出版物和对它们的接受——以及更多的它们的尊严，这种尊严开始通过一种或晦暗不明或明确意识到的情感，而一般地把诗和艺术保持在它们的真正范围中，——意味着对哲学的一种需求，这种哲学将会由于康德和费希特的体系粗暴地对待自然而给予自然补偿，并且建立起理性自身和自然的协调一致（Uebereinstim-

---

① 施莱尔马赫：《论宗教——对蔑视宗教者中的有教养者的讲话》，柏林，1799 年。

mung），——但不是建立起这样一种协调一致，即理性必须宣布自己放弃自然，或者它只是自然的一个单调乏味的模仿者。相反，理性自身出于内在力量而把自己塑造为自然，所以建立起的是一种前后一贯（Einstimmung）。

这篇论文一开始就对哲学的需求、前提和基本原理等作了普遍反思。它们都有作为普遍反思的缺陷，其原因在于，由于使用了前提、基本原理等形式，通往哲学的入口还始终被遮盖得严严实实。因此在某种程度上，仍然有必要对诸反思形式进行研究，直到有朝一日，哲学本身完全成为研究对象。其中几个极为有趣的主题将会在别的地方得到更细致的展开。

14

1801 年 7 月于耶拿

当前哲学思考中呈现出的一些形式

诸哲学体系的历史观

一个把拥有如此数量的哲学体系作为过去而甩在身后的时代，似乎必定达到了一种漠不关心（Indifferenz），这是生命在尝试了各种形式后获得的。如果迂腐的个体性再也不敢进入生活，朝向总体性的冲动就继续把自己表现为朝向知识的完整冲动；这种个体试图通过他所拥有的多样性来努力获得他所不是的那个东西的假象（Schein）。由于个性迂腐者把科学转变成了一种认识，所以，他放弃了科学所要求的生机盎然的部分，把科学置之度外，使它保持纯粹客观的形态，反对一切把科学提升为普遍性的要求，使自身维持在那种固执己见的特殊性中而不受任何侵扰。如果这种漠不关心能够摆脱自身而变成一种好奇心，那么，对它而言，最迫在眉睫之事就是给一种新近形成的哲学命名，并且就像亚当通过给动物命名而宣布他对于它们的统治权一样，通过发明一个名称而宣告对于一种哲学的统治权。通过这种方式，哲学就被移置到认识的等级中。认识涉及外在的客体；在被当作无非是一种认识的哲学知识（Wissen von Philosophie）中，内在之物的总体性是不会运动的，而冷漠（Gleichgueltigkeit）完全主张了它的自由。

没有任何一种哲学体系能摆脱这种接受状况的可能性；每一种哲学体系都可能被历史地对待。正如每一种活生生的形态同时都属于现象的领域，一种作为现象的哲学也会听任一种力量的摆布，它能够把哲学转变为一种僵死的意见，并从一开始就变成一种过去的东西。为了揭露自身，栖居于哲学中的活生生的精神要求通过一种有亲缘关系的精神而降临人间。活生生的精神从那种出于某种兴趣而着手认识各种意见的历史性的行为（Benehmen）旁边擦身而过，就像是一种陌生的现象，并且不表露它的内在本性。对于精神而言，以下这点是无所谓的，即它必须有助于增加其他的木乃伊收藏和偶然事件的一般数量，因为精神自身已经逃脱了出于好奇的认识积累的魔爪。认识的收藏坚持自己对真理漠不关心的立场，保持着它的独立性，无论它是接受还是拒绝各种意见，还是它无法下定决心。哲学的体系可能和它们自身不存在其他的关系，除了它们只是意见；而像意见那样偶然的东西对它不会造成任何伤害。它并没有认识到，有真理存在着。

然而，如果拓展科学范围的冲动致力于哲学史的话，那么，哲学史就会赢获一个更加有益的方面，因为根据莱茵霍尔德的看法，哲学史应该有助于前所未有地更深入探究哲学的精神，并且借助于它自己特有的新观点，进一步发展那些先行者关于人类认识的实在性的奠基所具有的独特观点。只有对迄今为止出现过的解决哲学任务的尝试拥有认识，这种尝试最终才能现实地取得成功，——如果归根结底人类注定要成功的话。[①] ——人们可以看到，这样一种考察的目的基于一种哲学观念，根据这种哲学观念，这个目的已经可以通过新发明的技巧而不断得到改善。每一种新的发明都预设了对于已经使用的操作技巧及其目的的认识。但是，在迄今为止的所有改善后，主要任务仍然一直保持着，而在莱茵霍尔德看来，这个主要任务似乎明显就是发明一种普遍有效的和最终的技巧，以至于对每一个熟练掌握这一技巧的人来说，这项工作可以自动完成。如果与之相关的只是这样一项发明，而科学只是一种事关外在熟练的僵死的工作，那么，科学也就当然可以获得各种机械技艺所能达到的完善性，而迄今为止所有时代的所有哲学体系，都只需被视为伟大头脑的预先练习（Voruebung）。但是，如果绝对和它的显象、理性永远是一和同一者（ein und dasselbe）（而事实就是如此），那么，所

[①] 参见莱茵霍尔德：《论文集》，第 5 页，脚注 4。

有指向自身并且认识了自身的理性都会产生一种真正的哲学，并且为自己解决了这样一个任务，这个任务，就像它的解决一样，在所有时代都是一样的。因为在哲学中，那个自己认识自己的理性只是和自身打交道，所以，它的全部工作以及全部活动，都存在于自身中，而在哲学的内在本质的方面，既不存在先行者，也不存在后继者。

无论是关于哲学持续的改善，还是关于哲学的独特的观点，大家都谈论得很少。合乎理性的东西如何可能变成独特的？一种哲学所独有的东西，正因为它是独特的，所以它实际上只能属于哲学体系的形式，而不能属于哲学的本质。如果某种独特的东西现实地构成了一种哲学的本质，那么，它就不会是一种哲学；而如果一个体系自身宣称某种独特之物是它的本质，那么，尽管如此，它仍然可能源自真正的思辨，但这种思辨只是在尝试以一种科学的形式表达自身时失败了。任何一个囿于某种独特性的人在他者身上看到的无非是各种独特性。如果特殊的观点能够允许在哲学的本质中占有一席之地，如果莱因霍尔德把他在晚近所转向的那个东西视为一种独特的哲学，那么，的确就有可能一般地把迄今为止的一切表达和解决哲学的任务的方式，用莱茵霍尔德的话来说，看作无非是独特性和预先的练习，但是，这种独特性和预先的练习被认为在为最终将会获得的成功做准备，——因为即使我们已经看到，我们日思夜想的哲学的幸福之岛的海岸线上充斥着失事船只的残骸，而没有一艘船安全地停泊在海湾，我们也不会放弃目的论的观点。——费希特的哲学在表达自身时所具有的那种独特性，也可以同样用来解释以下事实，即费希特曾经大胆断言①，斯宾诺莎可能并不信仰他的哲学，他可能并不具有完全内在的活生生的确信，——他在谈到古人时说，那些古人是否自觉地思考哲学的任务也是值得怀疑的。

如果在这里，费希特自己的体系的独特形式，这个体系整体上强健有力的特性，产生了这样一种表述的话，那么与此相反，莱因霍尔德哲学的独特性就在于它的探究和奠基的倾向，这些倾向由于独特的哲学观点和对这些观点的历史性考察而给自己造成巨大困扰。对真理的热爱和信仰把它提高到一个如此纯粹和令人讨厌的高度，以至于为了恰当地探究进入神庙的步骤并且说明其理由，信仰建立起了一座宽敞的前院，而为了避免采取这个步骤，热爱使自己把大量的时间耗费在分析、条理化和叙述上，直到最后，为了安慰他没有能力从事哲学，莱因霍尔德劝告自己说，其他人的大胆步骤不过是预先练习和精神错乱而已。

对于这种独特性来说，哲学的本质恰恰是浮寄孤悬的（bodenlos）；而如果躯体（Koerper）表达的是独特性的总 19

---

① 参见《全部知识学的基础》"第二导言"，《费希特全集》，第一卷，第513页。

和的话，那么，为了能够抵达哲学，就有必要奋不顾身地（a corps perdu）把自己抛入哲学。因为发现意识陷入特殊性中的理性只有以如下方式才能变成哲学的思辨，即把自己提升为自己，并且只把自己托付给自己，同时变成它的对象的绝对。在这个过程中，理性所冒的风险无非就是意识的有限性，为了克服这种有限性和在意识中建构起绝对，理性就把自身提升为思辨，而且在受限和独特性的无根基状态下，在自身中把握住了自己的奠基（Begründung）。因为思辨是普遍理性针对自身的一种活动，所以，如果它让自己的观点摆脱了偶然性和限制的话，它就必定会通过所有特殊的形式发现自身（而不是在不同的时代和头脑的各种哲学体系中只是发现不同的方式和纯粹具有独特性的观点），——否则，它就只能发现由各种知性的概念和意见所组成的纯粹的多样性，而这种多样性绝不是哲学。一种哲学中真正具有独特性的东西是它那令人兴致盎然的个体性，这一个体性中的理性使用一个特殊时代的建筑工具建立起一种形态；特殊的思辨的理性在其中发现了它的精神中的精神，肉体中的肉体，在其中它把自身直观为一和同一者，直观为一种不同的活生生的本质。每一种哲学都在自身中完成，而且就像一件真正的艺术作品，在自身中具有总体性。如果拉斐尔和莎士比亚熟悉阿佩莱斯和索福克勒斯的作品，那么在他们看来，这些作品就绝不只是单纯的预先练习，而是一种有亲缘关系的精神力量，同理可知，理性也绝不会把自身的早期形态只看作有用的预先练习。如果维吉尔只是把荷马视为他自身和他那个更优雅精致的时代的一种类似的预先练习，那么他自己的作品就不过是再一次练习（Nachübung）而已。

20

哲学的需求

如果进一步考察哲学所具有的特殊形式，那么我们可以看到，一方面，它源自精神的活泼泼的原创性，精神在其中通过自身能动地生产和重塑了已经破裂的和谐；另一方面，它源自分裂所具有的特殊形式，而体系正是从这种特殊的形式中形成的。分裂（Entzweiung）就是哲学的需求之源泉，而作为时代的文化，它就是形态的不自由的、被给定的方面。在任何一种文化（Bildung）中，绝对的显现物是和绝对相分离的，并把自己固定为一种独立的东西。但与此同时，显现物并不否认它的起源，并且必定会以把它的限制的多样性建构成一个整体作为它的旨归。限制的力量，也就是知性，把一切对于人来说有价值的和神圣的东西联系于它在人与绝对之间建造起的那个建筑物，通过一切自然的和天才的力量把它巩固起来，并且把它推扩到无限性中。我们在其中可以找到各种限制所组成的完整的总体性，却不能找到绝对本身。由于迷失于各个部分，绝对驱使知性无限地发展它的多样性，尽管知性竭力拓展自身以达到绝对，但是，它只能无限地复制自身，嘲讽自身。理性只有越出这种多样性的部分之藩篱时才能到达绝对。知性的大厦越是坚不可摧和光彩夺目，困囿于作为部分的知性中却想要逃离知性自身而进入自由状态的生命，就越是永不休止地奋进不已。在作为理性的生命走到远方时，诸限制组成的总体性同时就被消灭了；它在这种消灭中和绝对联系在一起，同时因此把绝对把握和设定为纯粹的显现；在绝对和诸有限的总体性之间的分裂消失不见了。

　　知性在绝对的设定中模仿理性，并且以这种形式赋予自己理性的假象，即使在自身之中的那些被设定者相互对立，因而是有限者；如果知性把理性的否定行为转变且固定为一种产物，那么，它就是以一种更加巨大的假象来做这件事情。就无限者和有限者相互对立而言，无限者是由知性设定又合乎理性的；就它自身作为合乎理性的东西而言，它只是表达出了对有限者的否定。在知性把理性固定下来时，知性把它和有限者绝对地对立起来了，而把自己提升为理性的反思，在它扬弃了有限者时，使自己重新下降为知性，因为它把理性的行动固定在对立的行动中。此外，现在，即使在这种倒退中反思也佯装是合乎理性的。——不同时代的文化以不同形式建立起了各种对立，它们应该被看作理性的产物和绝对的对立，而知性为这些对立焦心劳思。对立以精神和物质、灵魂和身体、信仰和理智、自由和必然等形式表现出来，而且在许多受到限制的领域还以某些方式显得举足轻重，想要承担起与人类利益相关的一切重担；这种对立在文化的发展进程中，转变成了理性与感性、智力与自然的对立，[以及]就普遍概念而言，绝对的主观性与绝对的客观性的对立。

扬弃这种逐渐固化的对立是理性的唯一旨趣。这种旨趣并不是说，要完全反对对立和限制。因为必然会出现的分裂是生命的一个要素，这种要素永远会构成各种对立，而拥有最高程度生机的总体只有把自己从最高程度的分离中重新产生出来才是可能的。理性尤其反对知性对分裂的绝对固定，如果绝对的对立者本身源自理性的话，那就更是如此了。

如果统一的力量从人的生命中消失了，诸种对立丧失了它们活生生的关联和相互作用而赢得了独立，那么哲学的需求就出现了。从这个观点来看，这种需求是偶然的，但是在给定的分裂的条件下，有必要尝试扬弃已经固化的主客观的对立，并且把观念的和实在的世界已经达到的状态把握为一种变易（ein Werden），把它作为产物的存在把握为一种生产过程。在变易和生产的无限活动中，理性把已经分离的东西统一起来，并且把这种绝对的分裂贬低为一种相对的分裂，而后者是以原初的同一性为前提的。理性的这种自我再生产（如哲学）在什么时候、在哪里以及以什么形式登上历史舞台，是一个纯粹偶然的事件。这种偶然性必须从下列事实中得到理解，即绝对把自己设定为一种客观的总体性。偶然性之所以是一种在时间中的偶然性，是因为绝对的客观性可以被直观为一种在时间中的延续；但是，就它显现为空间中的并列而言，分裂就关乎一个地区的气候。以一种固化了的反思的形式，作为一个思维着和被思维着的存在者的世界，在与现实的世界处于对立时，这种分裂发生在西北部。

　　文化发展的程度越高，与分裂水乳交融般纠结在一起的那种生命的外在表现的发展越多元，那么，分裂的力量也就越大，由气候所引起的神圣性也就越坚固，文化的整体也就越外在，而生命的那种奋发图强、再造和谐的努力也就越没有意义。与文化的整体之间存在着关联而又反对近代文化的尝试少得可怜。这种尝试和过去的或者外来的更有意味的、美的形态一道只能唤起这样一种注意：如果与活生生的艺术的更深刻、严肃关联不能得到理解，那么，这种注意继续存在的可能性就微乎其微了。由于生命状况的整个系统和艺术不再亲密无间，概念已经失去了它那无所不包的关联，它要么变成迷信的概念，要么变成一种娱乐性的游戏的概念。最高程度的审美完满性，——它是在某个特定的宗教中形成的，在这种宗教中，人把自己提高到超越了一切分裂的状态，并且在恩典的王国看到主体的自由和客观的必然性都消失不见了，——只有在文化的某个特定阶段，要么是在普遍的野蛮状态要么是在贱民的野蛮状态中，才可能充满活力。不断进步的文化和这种审美的完满性分裂开来，把它和自身并列地放在一起，或者把自己和它并列在一起。因为知性已经对自己充满信心，这二者[知性和审美完满性]扩张到一种确定的、相互的静止状态，因为它们中的每一个对于在另一个身上发生的事情都没有任何意义。

但是，知性也可能在自己的领域直接受到理性的攻击，而通过反思自身消灭分裂以及知性的绝对的尝试，可能更加容易得到理解。所以，自认为受到攻击的二元分裂转而带着憎恨与愤怒长久地反对理性，直到知性的王国把自身跃升为一种力量，凭着这种力量，知性王国认为能够在理性面前保证自己的安全。——但是，正如我们提到德性（Tugend）时经常会说，德性真实存在的最大证据是伪善从它那里借来的假象，同样，知性也抵抗不了理性。知性试图反对内在的毫无内容的情感，反对那种折磨着有限之物的隐秘恐惧，而通过可以借以掩饰自己的理性假象来保护自己。对理性的蔑视最强烈地表现了出来，不是通过随意地对理性加以鄙薄地弃绝和诽谤中伤，而是通过局限性自吹自擂，说自己精通哲学并且与哲学是志同道合者。哲学必须拒绝接受和这样一种虚伪的尝试交好，这种尝试弄虚作假，自夸已经消灭了特殊性，但是，它以限制为出发点，为了拯救和保证这些限制，把哲学仅仅当作一种

24

手段。

在知性和理性的斗争中，只有在理性放弃自己的时候，知性才会获得一种实力；因此，这场斗争的成功有赖于理性自身以及对于再造总体性的需求的真实性，而理性即是从这种需求中产生的。

如果从自身开始的哲学需要配备某种前院的话，那么，哲学的需求就能被表述为哲学的前提；在我们这个时代，关于一种绝对的前提，人们已经滔滔不绝地说得太多了。人们称之为哲学前提的东西，无非就是表达出来的需求。因为需求是为了反思而设立的，所以，必须有两个前提。

第一个前提是绝对自身。它是要寻求的目标；它也已经存在了——否则，我们怎么可能找到它？理性只有在把意识从诸种限制中摆脱出来时才生产绝对。对诸种限制的扬弃是以预先设定的不受限制性作为先决条件的。

第二个前提应当是意识从总体性的藩篱中腾越出来，分裂为存在与非存在、概念与存在、有限性与无限性。对于分裂的观点而言，绝对的综合是一个彼岸世界——与它的各种规定性相对立的无规定者和无形态者。绝对是黑夜，而光比黑夜更加年轻，这二者的区别，就像光从黑夜中显露出来一样，是一种绝对的差异。——无是初始的东西，一切存在、一切有限物的多样性，都是从无中产生的。但是，哲学的任务在于把这两个前提统一起来，把存

25

在设定在无之中——作为变易（生成），把分裂设定在绝对之中——作为绝对的显现，把有限者设定在无限者中——作为生命。

但是，把哲学的需求表述为哲学自身的前提却不明智，因为需求会因而获得一种反思的形式；这种形式的反思看起来是自相矛盾的命题，我们在后文会讨论。这些命题可能会被要求为自己的正当性作出证明；证明这些命题可以作为前提，这应该不是哲学本身的事情，因此，探索和奠基是在哲学之前和哲学之外进行的。

反思作为哲学思考的工具

如果哲学的需求可以被表述为哲学的前提，那么它将要采取的形式就是从导哲学的需求过渡到从事哲学思考（Philosophierens）的工具、作为理性的反思。哲学的任务应该是为了意识而建构起绝对。但是，因为反思的生产行为像反思的产物一样都只是限制，所以，这个任务是一个矛盾。绝对应该被反思、被设定；但这样一来，它就不能被设定，而应该被扬弃，因为它一旦被设定，就受到了限制。这种矛盾的中介就是哲学的反思。首先必须指出，反思在何种程度上能够把握住绝对，在何种程度上能在它的思辨行为中具有和绝对的直观综合在一起的必然性和可能性，以及在何种程度上，反思就像它的产物、在意识中建

26

构起来的绝对那样是自为的、主观的，并且是完整的，而绝对必定既是有意识的又是无意识的。

被孤立起来的反思，因为设定了对立者，也可以说是一种对绝对的扬弃；它是存在的能力，也是限制的能力。但是，反思作为理性是和绝对联系在一起的，它只有通过这种关联才是理性；就此而言，反思消灭了自身和一切存在与受限制者，因为它把它们和绝对联系在一起。但是，与此同时，借助于和绝对的联系，受限制者具有一种持存。

理性自身表现为否定性的绝对的力量，因而是绝对的否定，与此同时，它又表现为这样一种力量，它设定了相互对立的主观的和客观的总体性。它一度把知性提升到自身之上，驱使知性以自己的方式朝向整体。理性引诱知性生产出一个客观的总体性。每一个存在就其是被设定的而言，都是一个对立的、被决定的和能够决定的存在。知性通过把相互对立的限制设定为条件而使它的这些限制变得完备了；这些相互对立的限制需要同样的完备化，但知性的任务是将自身扩展为无限。反思在这里看起来只是知性的，但是，这个通往必然性总体的引导是理性的一部分，也是理性的秘密功效。由于它使知性失去了限度，知性和它的客观世界就在这种无限的丰富中走向了没落。因为知性所生产的每一种存在，都是一种有规定性的存在，而有规定性的存在在它自己的身前身后都有一种无规定性的存在，而存在的多样性就存在于两个黑夜之间，无所凭依。它立足于虚无的基础，因为不确定者（无规定者）对于知性来说就是虚无，而且在虚无中终结。冥顽不化的知性让确定者（被规定者）和不确定者（无规定者）、有限性和被扬弃的无限性的对立一直持续下去，听任它们并列杂处而不加统一，并且紧紧抓住存在而反对和它同样具有必然性的非存在。因为虽然知性的本质旨在普遍地加以规定，但是，被知性规定的东西直接受到一个未被规定者的限制，所以，它的设定和规定永远也不能完成任务。在正在发生的设定和规定自身中包含着一种不设定和一种不规定，因此，设定和规定的任务自身就永远会再次出现。——知性把有限者和无限者的对立固定化了，以至于这两者应该同时并存而又互相对立，于是，知性就毁灭了自己；因为有限者和无限者的对立具有这样的意义，即就一方设定自身而言，他者被扬弃了。理性认识到了这一点，所以，它把知性自身扬弃了。知性的设定在理性看来是一种非设定，而它的产物在理性看来是否定。如果理性被设定为与客观的无限性相互对立，那么，知性的消灭或者理性无对立的纯粹设定就是主观的无限性——与客观世界相对立的自由王国。因为这个王国在这种形式中是与自身对立的并且有条件的，所以，为了绝对地扬弃对立，理性必须也要消灭这个王国的独立性。它以把这二者统一起来的方式消灭这二者。因为它们只能以没有被统一起来的方式才能存在。这两者同时存在于这种统一中，因为对立者和受限者借此与绝对联系在一起。但就此而言，它并不是自为地存在着的，而只存在于绝对中，也就是说，它被设定为同一性；受限者，就它属于一个与之对立的、也就是相对的总体性而言，要么是必然的，要么是自由的。就它属于这二者的综合而言，它的限制状态停止了：它既是自由的，又是必然的，既是有意识的，又是无意识的。有限物和无限物的这种被意识到的同一性，感性的世界和理智的世界、必然的世界和自由的世界等两个世界在意识中的统一，就是知识（Wissen）。作为有限物的能力的反思和与之对立的无限物综合于理性中，理性的无限性在自身中就包含着有限者。

就反思把自身变成自己的对象而言，其最高的法则就是消灭自身，这条法则是理性颁布的，而它可以借此变成理性。像万事万物一样，它只存在于绝对，但是作为反思，它对立于绝对。因此，为了能够继续存在，它必须给自身颁布自我毁灭的法则。反思能借助于内在法则，凭自己的力量把自身建构为绝对，这种内在法则是自相矛盾的法则（Gesetz），也就是说，存在着并且继续保持存在的是它的被设定存在（Gesetztsein）；它借此把产物固定为绝对地与绝对相对立的东西，它把自身变成这样一条永恒的法则：保持为知性，不要变成理性，并且死死坚持自己的本职，而这一工作由于与绝对相对立（而且，它是作为受限者与绝对相对立的），它的工作就是虚无。

正如当理性成为一种对立，那么它就会因而成为一个知性物，而它的无限就会变成一种主观的无限，把反思表述为思维（Denken）的那种形式也能做到这种两可和滥用。如果思维不是被设定为理性的绝对活动自身，对于这种活动而言，根本就不存在什么对立，而是仅仅把思维当作一种更纯粹的反思，也就是说，人们在这样一种反思中只从对立中进行抽象，那么，这种抽象化的思维来自甚至不能通往逻辑学的知性，更不用说通往哲学了，而理性自身应该包含逻辑学。思维作为思维的本质或内在的特征，被莱茵霍尔德①设定为"在一和同一者之中并且通过一和同一者的、作为一和同一者的一和同一者的无限可重复性"，或者说同一性。人们可能受到同一性这种显而易见的特征的诱惑，并在这种思维中看到理性。但是由于这种思维（a）与一种思维的运用对立，（b）与一种绝对的质料对立，以下这点就变得清楚起来了，即思维不是绝对的同一性，不是在它们的对立中扬弃并在自身中包含这二者的主体和客体，而是一种纯粹的同一性，也就是说，一种由抽象产

29

———

① 参见《论文集》，第一册，第106页以下。

生的并以对立为先决条件的同一性——对统一性的抽象的、知性的概念，是一对固定的对立者中的一方。从我们这个时代的哲学中传播得如此之广和如此根深蒂固的习惯中，莱茵霍尔德看到了迄今为止的一切哲学的错误，即将思维一般及其应用看作一种纯粹主观性。[①]——如果莱茵霍尔德真的严肃对待这种思维的同一性和非主观性，那么，他就完全不可能在思维和思维的应用之间进行任何区分；如果思维是真正的同一性，而绝非什么主观性的思维，那么，这种和思维有别的东西，即思维的应用究竟来自哪里呢，更不用说为了思维的应用而假设的质料了。如果用分析的方法来处理一种活动，那么，因为活动应该得到分析，所以，这种活动在分析的方法看起来肯定像是一种综合的活动，而且通过分析，就会产生统一性的诸环节和一个与之对立的多样性的诸环节。分析把它表现为统一性的那个东西，被称作主观性的，而思维的基本特征是一个如此与之相对立的统一性，一个抽象的统一性。通过这种方式，思维成为一个纯粹的受限物，而它的活动就是把这种统一性以合乎法则和合乎规则的方式应用于一种现存的物质中，而这种应用绝不可能渗透进知识。

30　　　反思只有在和绝对处于关联时才是理性，而它的行动

---

① 参见《论文集》，第一册，第 96 页。

才是知识。但是通过这种与绝对的关联，反思的工作消逝了，而只有这种关联还继续存在，并且是认识的唯一的实在性。因此，除了自身会被消灭的真理，绝不存在什么孤立的反思的真理、纯粹的思维的真理。但是，因为在哲学思考中，绝对是反思为了意识而产生的，所以，绝对是一种客观的总体，一个知识的整体，一种对于各种认识的组织形式。在这种组织中，每个部分同时都是整体，因为它作为与绝对的关联而存在。作为在它之外有其他部分存在的部分，它是一个受限物，而且仅仅受限于其他部分；就其作为限制而被孤立而言，它是有缺陷的；只有通过它和整体的关联，它才有意义与意谓。因此不能将个别的、自为的概念、个别认识当作知识。能够存在的是大量的个别的经验性的认识。作为经验性的知识，它们在概念和存在、主体和客体的经验中，也就是在概念和存在、主体和客体的同一性中表明了它们的正当性。它们之所以不是科学的知识，是因为它们只有在一种受限的、相对的同一性中才能获得正当性，它们既不能使自己合法化为一个在意识之中组织起来的认识整体的必不可少的一部分，而思辨也不能认识到它们中的绝对的同一，即它们与绝对的关联。

思辨和健全的人类知性之间的关系

合理的东西，即所谓健全的人类知性①认识到的东西，也只是一些个别物，这些个别物从绝对之中被拉入到意识，是独自将自身从总体性的黑夜中提升出来的一些光明的点，凭借这些个别物的帮助，人可以理性地克服生活的难关。对人来说，它们是人由之出发并将返回到它的正确的立足点。

但实际上，人也只能这样信任这些亮点的真理，因为一直有一种关于绝对的感觉伴随着他，而且只有这种感觉赋予它们意义。一旦人们单独接受这种普遍的人类知性的真理，以纯粹知性的方式把它当作一般认识孤立起来，那么，这些真理看起来就半真半假，完全走了样。反思使健全的人类知性不知所措。如果知性允许自己进行反思，那么，它为了反思而提出的命题就会要求自己单独地成为一种知识，成为有效的认识，而且，它会放弃自己的力量，也就是说，放弃只需通过模糊不清的、作为感觉而存在的

---

① ［译注］一般认为，健全的人类知性（gesunder Menschenverstand）对应于英文的 common sense 和法文的 le bon sens，后二者可以译为"常识"。王太庆先生翻译笛卡尔《谈谈方法》时则将法文的 le bon sens 译为"良知"。关于 gesunder Menschenverstand 和 common sense 之间的关系，可以参考 Robert Nehring, *Kritik des Common Sense：Gesunder Menschenverstand，reflektierende Urteilskraft und Gemeinsinn-der Sensus communis bei Kant*, Berlin, Duncker & Humblot, 2008。

总体性，支撑它的要求和把它自己与那种不稳定的反思对立起来的力量。尽管健全的人类知性是为了反思而表达自己，但是，对意识而言，它的那些要求并不包含它和绝对的总体性之间的关联，相反，这些要求仍旧停留在内部而没有表达出来。因此，思辨深刻地理解了健全的人类知性，但是，健全的人类知性并不理解思辨的行动。思辨只是承认总体性中的认识的存在为认识的实在性；对反思而言，一切确定者都只是在被认识到的与绝对的关联中才具有实在性与真理。因此，它也在作为健全的人类知性的宣告之基础中认识到了绝对。但是，因为对于思辨而言，认识（Erkenntnis）只是就它存在于绝对中才具有实在性，所以，已经被认识的东西和已经知道的东西，由于它们是以反思的形式陈述出来的，从而具有一个确定的形式，就同时在思辨面前变成了虚无。健全的人类知性的那些相对同一性，就像它们看起来的那样，完全以它们有限的形式提出绝对性的要求，所以，它们在哲学反思看来就变成了偶然的事物。健全的人类知性不可能把握到，对它而言的直 ³² 接而确定的东西（Gewisse）对哲学而言只是一种虚无；因为它在它直接的真理中只感觉到了这些真理和绝对之间的关联，但是，这种感觉没有和直接真理的显现分离开来，而由于这种显现，直接的真理就是各种限制，它们也应该有它们自身的持存和绝对的存在，但是在思辨面前，它们消失了。

但是，健全的人类知性不仅不理解思辨，相反，它还一定会憎恨思辨，如果它经验到了思辨，而且如果它不是对安全完全漠不关心的话，那么，它一定对思辨深恶痛绝，必欲诛之而后快。因为，对于健全的人类知性来说，其陈述的本质和偶然性的同一性是绝对的，而它又不能把显现的限制和绝对分离开来，所以，它在其意识中分离的东西也是绝对对立的，而它认作限制的东西，也不能在意识中把它和不受限制者统一在一起。它们在健全的人类知性中当然是同一的，但是，这种同一性是并且保持为一种内在物，一种感觉，一种无法认识到的和无法陈述出来的东西。因此，正如它回忆起那个受限制者并且把它设置入意识中，同样，对这种意识来说，不受限制者和受限者是绝对对立着的。受限制状态和绝对的这种关系或者说关联就叫信仰（Glauben），在这种关联中只有关于对立的意识，相反，对同一则完全没有任何意识。信仰并不表达感觉的综合或直观的综合；它是反思和绝对之间的一种关系，虽然反思在这种关系中是理性，虽然它消灭了分离者和被分离者及其产物——一个个体的意识——但是，它仍然保持着分离的形式。人们喋喋不休地谈论着那种作为意识的最后者和最高者的信仰的直接确定性，这种确定性无非就是同一性本身、理性，但这种理性不能认出自身，而是必须伴随着对立的意识。但是，思辨把健全的人类知性没有意识到的同一性提升为意识，或者说，它把普遍知性的意识

33

中必然对立的东西建构为有意识的同一性，而这种把在信仰中分离的东西统一起来的行动对知性来说是残暴不仁的。因为神圣者和神性者只是作为客体而存在于它的意识，所以，健全的人类知性在这种被扬弃了的对立中，在相对于意识而言的同一性中只是看到了对于神性者的毁灭。

但是，此外，健全的人类知性必定会看到，在这样的哲学体系中，什么都没有被消灭，这些哲学体系在扬弃了分裂时满足了意识的同一性的要求，通过这种扬弃，相互对立者的一方，特别是在这样一种对立被时代文化固定住时，被提升为了绝对，而另一方被消灭了。在这里，哲学的思辨扬弃了对立，但是它作为体系把一个以它的习以为常的形式受到限制的东西提升为绝对。我们在这里要对之加以考察的唯一的方面，也就是思辨的方面，对于健全的人类知性来说是完全不存在的；从这种思辨的方面来看，受限制者显示出一种完全不同于它在普通的人类知性看来的样子；也就是说，由于它被提升为绝对，它就再也不是受限制者了。唯物主义的物质或者唯心主义的自我——前者再也不是什么把生命当作它的对立者和形态的僵死物质，——而后者也不再是经验意识，它作为一个受限制者，不得不在自身之外设定一个无限物。下列问题属于哲学，即体系是否真正地清除了把它提升为无限物的那种有限现象中的一切有限性，——和普通的人类知性以及把它的对立者完全固定的做法距离最远的思辨，是否会向时代的命运缴械投降，即绝对地设定一种形式的绝对（其本质上是一种对立）。如果思辨真正地把有限物——思辨可以使有限物变成无限的——从一切形式的显现中摆脱出来，那么，它就是常识所深恶痛绝的，尽管知性对于思辨的事务平素丝毫不加理会。如果思辨确确实实地把有限者提升为无限者①并因而消灭了有限者，——而物质、自我，就它们应该包括总体性而言，就再也不是物质、自我了，——那么，尽管缺少了哲学反思的最后一个行为，也就是说，关于有限物的消灭的意识，即使完全不在意这个确确实实发生了的消灭行为，体系中的绝对仍保持着一种确定的形式，因此，真正思辨的倾向无论如何都不会弄错。但是，普通的人类知性对于这种倾向仍然丝毫也不理解。因为知性从来没有看到过扬弃分裂的哲学原则，而是只看到了体系的原则，发现对立的一方被提升为绝对，而另一方被消灭了，所以，在涉及分裂时，它还有一个相较于体系而言的优点；在知性中以及在体系中，都存在一种绝对的对立，但是，知性还有对立的完整性，并且被双倍地激怒。——这样一种哲学体系有一个缺点，即要把从某个方面看还是对立的东西提升为绝对，尽管如此，除了它

---

① 在首版中，此句是一个句法结构前后不一致的句子：Wenn die Endlichen, welche die Spekulation der Tat nach zum Unendlichen steigert.

的哲学的方面，我们还应该把一种优点和功绩归功于这种哲学体系，普通的人类知性不仅不能把握住这优点和功绩的丝毫，还憎恨它们。——优点是，通过把有限者提升为无限的原理，体系一举击倒了全部的有限性，而这些有限性依赖于对立的原理；功绩是在文化的方面，分裂越是固若金汤，在总体性中统一的需求就同样地不断增强。

　　冥顽不化的健全的人类知性认为，自己在其惯性的力量中是安全的，处于它的原初的重力之中和与意识的对立之中的无意识的东西是安全的，与差异相对立的物质是安全的，而冥顽不化的知性之所以要澄清差异，只不过是为了要在一个更高的幂次（Potenz）① 中把它再次建构为综合。——在北方的气候中，在目前这种状况下，这种冥顽不化要在很大程度上得到克服，或许需要一段更长的时间，以至于原子式的物质本身变得越来越多样了，惯性最

---

① ［译注］Potenz 在德文中主要有能力、潜能和幂、乘方两个义项。早期黑格尔使用的这个词援引自谢林哲学。在谢林那里有四个阶段的直观，每一次直观都是绝对精神的自我反观，谢林称各直观动态的上升过程中的每一个节点为 Potenz（幂次），而每一次自我直观所获得的观念也亦即每一个幂次都是自我向绝对精神的一次接近，而在最后的艺术直观中，人与绝对精神合而为一。更详细的解释，参见罗久：《理性、自然与理性形而上学：黑格尔法哲学思想探源》，商务印书馆，2022 年，第 391 页。

　　黑格尔为什么会使用"Potenz"这个术语，《伦理体系》英译者的解释如下："Potenz 这个词的意思是幂（power），它源自数学术语，在数学中，x 被提升到第 2、第 3 或者第 n 次幂。谢林把它的绝对描述成一系列的幂次（Potenzen）。黑格尔也是在这个意义上使用这个词，但是后来黑格尔基于以下理由而抛弃了这个词，即它是一个纯粹表示量的词（quantitative），而不是表示质的。在这里，level（程度、等级）而不是 power（幂次）似乎更能毫不含糊地表达黑格尔的意思。"见黑格尔：《伦理体系》，人民出版社，2020 年，第 X 页。

初通过物质自身的多种多样的组合和分解，以及通过因此而产生出来的数量巨大的、固定的原子而被置入于它自己的地基上的运动之中，结果，人类知性在它的可理解的行动与知识中越来越茫然，直到它使自己有能力忍受对这种不知所措和对立本身的扬弃。

如果说对于健全的人类知性而言，思辨显现出来的只是毁灭性的一面，那么，这种毁灭也还是犹抱琵琶半遮面，没有真身毕露。如果健全的人类知性能够把握住理性的真实面目，那么，它就不会将思辨错认为敌人。因为思辨在它对有意识和无意识的最高综合中也要求消灭意识本身，理性因此把它对绝对的同一性的反思、它的知识以及自身沉入自己的深渊，而在纯粹的反思和推论性的知性的这种黑夜——这个黑夜却是生命的白昼——之中，这两者（知性和思辨）才能相遇。

以绝对的基本原理的形式出现的哲学原理

哲学，作为一种经反思生产出来的知识总体，就已然是一个体系，一个诸概念的有机整体，这个整体的最高法则不是知性，而是理性。知性必须正确地显示出其法则中的对立、界限、根据和条件，但是理性却把这些相互矛盾者统一起立，设定二者的同时又把它们扬弃。体系，作为把诸命题组织在一起的东西，人们可能会要求它拥有基于反思的绝对，也应当按反思的方式呈现为最高的绝对原理。但是，这一要求已经把它的虚无包含在自身中。因为一个法则，一个命题，经过反思，它本身就是一个受限者和有条件者，需要另一个受限者和有条件者来为它证明，如此以至无穷。如果绝对在一个通过思维并且对思维来说有效的基本原理中得到表达，它的形式和质料就是相同的（gleich），那么，要么就设定了纯粹的相同性（Gleichkeit），而形式与质料的不相同（ungleich）就被排除了，基本原理就由这种不相同所决定。在这种情况下，基本原理就不是绝对的，而是有缺陷的，它只能表达一种知性概念，一种抽象；——要么，形式和质料作为不相同的东西同时包含在其中，命题既是分析的又是综合的：因此，基本原理就是二律背反，因而不是一个命题；作为一个命题，它处于知性的法则下，即它本身不自相矛盾，也不会自我扬弃，相反，它是一个被设定的东西（Gesetzes）[①]；但它作为二律背反，则会扬弃自身。

这样一种妄想——只是为反思而设的命题必然作为最高的绝对基本原理而处于一个体系顶端，或者说，任何一个体系的本质都可以被表达为一个对思维（Denken）而言的绝对的命题——使得它对一个体系的评判很轻松。因为很容易证明，一个命题所表达的思想，是以一个对立者作

---

① ［译注］英译本作 something posited。

为前提的，因此，它就不是绝对的；而与命题对立的东西可以证明，它必须被设定，因此，命题所表达的思想是虚无的。当体系本身以命题或定义的形式表达绝对，也就是原理时，妄想就会越发认为自己具有正当性，但是这种绝对从根本上说是一个二律背反，因此，由于单纯的反思而把自身扬弃为一个被设定的东西。因此，例如斯宾诺莎的实体概念同时被定义为原因与结果、概念与存在，这样，它就不再是一个概念，因为诸对立者被统一在一个矛盾中。——没有任何一种哲学的开端会以斯宾诺莎这样的定义开始更糟糕。——这样的开端，与探究、奠基、对知识原理的演绎以及煞费苦心地把一切哲学回溯到意识的最高事实等，形成最强烈的对照。但是，如果说理性已经摆脱了反思的主观性，那么，甚至斯宾诺莎从哲学本身开始哲学并且让理性直接和一个二律背反同时登场时的那种天真的做法，也能得到适当的赞赏。

如果哲学的原理是以了反思的形式命题来表达，那么首先，作为这项任务的对象而存在着的无非就是知识，一般地说，就是主观和客观的综合，或者绝对的思维。但是，反思并不能在一个命题中表达绝对的综合，如果命题应该作为一个就知性而言的真正的命题有效的话；反思必定会把在绝对同一中合一的东西分开，并以两个命题分别表达合题和反题，一个表达同一，另一个表达分裂。

在作为同一性的命题 A = A 中，得到反思的是一种关联性状态，而这种关联性、这种合一状态（Einssein）、相同性，被包含在这种纯粹的同一之中；一切的差异都被（反思）舍弃了。A＝A，绝对的思维或理性的这个表达，对于形式的、以知性的命题说出的反思而言的知性只具有同一性的意义，纯粹的统一性的意义，即一种被舍弃了对立的统一性的意义。

但是，理性发现自身并不能在这种抽象统一性的片面性中得到表达；它也假设已经设定了在纯粹的相等中被舍弃的东西，即设定了对立者和差异。一个 A 是主体，另一个 A 是客体，而它们的差异的表达是 A≠A，或者 A＝B。这个命题正好和前面那个相矛盾；在这个命题中被舍弃的是纯粹的同一性，设定了不同一性，非思维（Nichtdenkens）的纯粹形式①，就好像第一个命题〔设定了〕纯粹思维的形式，而纯粹思维和绝对的思维、理性并不是一回事。只是因为非思维也被思维思维着，A≠A 也通过思维被设定，第二个命题才一般地被设定；在 A≠A 或者 A＝B 中，也存在着同一性，但是，这个关联，第一个命题中的"＝"，只是主观的，也就是说，只就非思维是通过思维被设立而言的。但是非思维被思维设定的状态，对于非思维来说是彻头彻尾偶然的，它只是第二个命题的纯粹形式。为了使它的质料变得纯粹，必须要将它从这种

---

① 参见莱茵霍尔德：《论文集》，第一册，第 111 页。

形式中抽象出来。

第二个命题和第一个命题一样是无条件的，因此是第一个命题的条件，就像第一个命题是第二个命题的条件一样。第一个命题以第二个命题为条件，是因为它舍弃了第二个命题所包含的不相等而继续存在；而第二个命题以第一个命题为条件，是因为它为了成为一个命题就必须有一种关联。

第二个命题也可以通过充足理由律这样一个从属的形式陈述出来；或者毋宁说，在人们把它变成因果律时，它才具有极端从属的意义。A 有一个根据，它的意思是：非 A 的存在被归于 A，A 是非 A 的一种被设定的存在。因此，A≠A，A＝B。如果必须从 A 中抽象出来一种被设定的存在，就好像人们为了使第二个命题变得纯粹而必须把它抽象出来一样，那么，它根本上表达了 A 是一种非设定存在。同时把 A 设定为被设定的东西和非被设定的东西，这已经是第一个命题和第二个命题的合题了。

两个命题是矛盾的命题，这只是在颠倒的意义上说的。第一个命题，同一性的命题，陈述的是矛盾＝0；而第二个命题，就它和第一个命题关联在一起而言，陈述的是，矛盾和不矛盾一样都是必然的。两个命题作为命题，本身都是相同幂次的被设定者。因为第二个命题被如此陈述，以至于第一个命题同时和它关联在一起，所以，它是通过知性所能做出的最高可能的对于理性的表达；两个命题之间的这种关联就是二律背反的表达，而作为二律背反，作为绝对同一性的表达，如果假定了 A＝B 和 A＝A 作为两个命题的关系，那么，设定 A＝B 抑或 A＝A 是无关紧要的。A＝A 包含了作为主体的 A 和作为客体的 A 的差异，同时带有它们的同一性，同样，A＝B 包含了 A 和 B 的同一性，同时包含它们的差异。

因为知性没有在作为二者关联的根据律中认识到二律背反，所以，它没有发展为理性，而从形式上说，第二个命题对它来说并不是一个新命题。对于纯粹知性而言，A＝B 并不比第一个命题说出了更多东西；因此，知性只是把 A 被设定为 B 的状态把握为 A 的一种重复，也就是说，它只是坚持了同一性而对以下状况完全不予考虑，即在重复把 A 设定为 B 或者把 A 设置入 B 中时，设定了一个他者，一个非 A，确切地说，把一个非 A 设定为 A，因此也把 A 设定为非 A。——如果我们只是对思辨的形式方面进行反思，并且以分析的形式坚持认识的综合，那么，二律背反就是自我扬弃自我的矛盾，就是认识和真理的最高形式的表达。

如果承认这个二律背反是真理的正式表达，那么，在它之中，理性就会把反思的形式本质（formale Wesen）置于自己的控制之下。但是，如果具有抽象的同一性特征的思维应当以和第二个命题相对立的、第一个命题的形式为哲学的第一真理，而且一个关于认识的实在性的体系应该

40

基于对思维之应用的分析，那么，形式的本质仍然占据着上风。在这种情况下，这种纯粹分析性的事务的整个过程就以如下过程显示出来。

作为 A 是 A 的无限可重复性，思维是一种抽象，第一个命题被表达为一种活动。但是现在缺乏第二个命题，非思维（Nichtdenken）；这必然就导致过渡到第二个命题，把它作为第一个命题的条件，而且把这个命题也设定为质料。然后，对立者就完整了，而从第一个命题到第二个命题的过渡是这二者之间的一种特定的相互关联的方式。这种方式就是思维的一种应用，而且是一种极不完整的综合。但是，这种虚弱的综合自身仍然和思维的前提，即设定 A 是 A 以至于无穷对立；因为在这一应用中，A 同时被设定为非 A，而思维在绝对持存中被扬弃为 A 是 A 的一种无限重复。——和思维对立的东西通过它和思维的关联而被规定为一个等于 A 的思想物。但是这样一种思维，设定等于 A，是以一种抽象以及因此以一个对立者为先决条件的，所以，除了它是等于 A 这种思想物，思想还包含等于 B 的其他规定，这种观念通过纯粹思维而完全独立于那些单纯的被规定存在，而且这些其他规定对于思维来说只是被给定的。因此，对于作为分析性的哲学思考的思维来说，一定存在着一种绝对的质料，在后文中我们将会讨论这一点。这种绝对对立的基础允许形式性的事务——把哲

41

学追溯①至逻辑这一著名的发现就是基于这种形式性的事务——只能有一种内在的综合，即重复 A 以至于无穷的这种知性同一性的综合。但即使是为了重复自身，它也需要一个 B、C、等等，在其中可以设定一个重复的 A；因为 A 的可重复性，这个 B、C、D 等也是多种多样、相互对立的东西——每一个都具有不是通过 A 而被设定的特殊的规定——，也就是说，是一个绝对多样性的质料，其中的 B、C、D 等必须尽可能地与 A 相适应。这样一种荒谬的适应取代了一种原初的同一性。这里的基本错误可以这样来表述，即从形式方面进行考虑时，A = A 和 A = B 的二律背反并没有得到反思。这样一种分析性的本质并没有以如下意识作为根据，即绝对之纯粹形式的显现是矛盾，——而这样一种意识，只在思辨是从理性和作为主体和客体的绝对同一的 A = A 出发时才可能出现。

先验直观

如果从纯反思的角度来看思辨，那么，绝对的同一性就会显示在对立者的综合中，即显示在二律背反中。绝对的同一性在其中将自身差异化的那些相对同一性，当然是受限制的，因此，它们是就知性而言的而且不是二律背反

---

① 莱茵霍尔德：《论文集》，第一册，第 98 页。

的。但与此同时，由于它们是同一性，所以它们不是知性的纯粹概念；而它们之所以必须是同一性，是因为在哲学中不可能存在着和绝对毫无关联的被设定者。但是，从关联的方面来看，甚至所有的受限者都是一个（相对的）同一性，而且因此对反思而言是一个二律背反之物，——而这是知识的否定方面，形式的方面，这一方面由理性统治着，会自己毁灭自己。除了这个否定方面，知识还有一个肯定方面，也就是直观。纯粹的知识（它的意思是没有直观的知识）是对于处于矛盾中的对立者的消灭；这种没有对立者的综合的直观是经验性的、被给定的和无意识的。先验的知识把反思和直观这二者统一起来；它同时是概念和存在。正因为直观变成了先验的，所以在经验的直观中处于分离状态的主客观的同一性进入了意识。就知识是先验的而言，它不仅设定了概念及其条件——或者说二者的二律背反，主观的东西——，同时设定了客观的东西，存在。在哲学知识中，被直观的东西是理智的活动和自然的活动，意识的活动和无意识的活动。它同时属于两个世界，观念（ideellen）世界和实在（reellen）世界，——它之所以属于观念世界，是因为它被设定在理智中，并因而被设定在自由中；它之所以属于实在世界，是因为它在客观的总体性中有它的位置，被演绎成必然性链条上的一个环节。如果人们站在反思或者自由的立场，那么，观念世界就是第一位的世界，而本质和存在就只能是图式化的理智。如果人们站在必然性或者存在的立场上，那么，思维就不过是绝对的存在的一个图式。存在和理智这二者在先验的知识中统一了；同样，先验的知识和先验的直观是一回事：不同的表述只表明了偏重观念的因素还是实在的因素。

具有最深刻意义的是，以郑重其事的态度声称，没有先验直观就不可能进行哲学思考。那么，没有直观而进行哲学思考是什么意思呢？无限地消散在绝对的有限性中。这些有限性要么是主观的概念，要么是客观的事物，或者它会从其中一种过渡到另外一种，如此一来，没有直观的哲学思考就会从无穷级数的有限性继续往前推进，而从存在到概念或者从概念到存在的过渡就是一种不合法的跳跃。这种哲学思考就是形式的哲学思考，因为事物和概念本身不过是绝对的形式而已。它预设了先验直观的毁灭，存在和概念的绝对对立，而如果它谈到了无条件者，那么，它将无条件者转变为一种形式的东西，例如，认为理念的形式与存在相对立。方法越好，那结果就越炫人耳目。对于思辨而言，诸有限物就是无限的焦点的半径，焦点发射出半径并且同时由它们组成；焦点被设定在半径之中，而半径也被设定在焦点之中。一切对立都在先验直观中被扬弃了，宇宙的一切差别都是通过而且为了理智建构起来的，它那作为一个客观物而被直观到并且独立地显现出来的组织被消灭了。这种同一性的意识之生产就是思

43

辨，而因为同一性和实在性在其中是合一的，所以，它就是直观。

理性的假设

作为反思的作品，被反思设定的两个对立者的综合要求有完整性，——而作为扬弃自身的二律背反，它要求在直观中的持存。因为思辨的知识必须被把握为反思和直观的同一性，因此，就反思的部分（它是理性的，二律背反的）被单独设定，但与直观有一种必然的关联而言，在这种情况下，我们可以说直观是被反思假设的。这里不存在假设理念的问题。因为这些理念是理性的产物，或者毋宁说，理性的东西被知性设定为产物。理性的东西必定是根据其确定的内容，也就是说，必定是从确定的对立者之间的矛盾中演绎出来的，而这些对立者的综合就是理性的东西。只有这种充满和保持二律背反之物的直观是可以被假设的东西。这样一个一向被假设的理念就是无限的进程，经验性的东西和理性的东西的混合，而经验性的东西是对时间的直观，理性的东西是对一切时间的扬弃，时间自身的无限化。但是，在经验性的进程中，时间没有得到纯粹的无限化，因为它应该作为有限的东西和受到限制的瞬间而存在其中，——它是一种经验性的无限。真正的二律背反并不是把这两者——受限者和不受限者——设定为相互外在并列的，而是设定为同一的，因此这个二律背反必定同时扬弃了对立。由于二律背反假设了对于时间的确定的直观，所以，时间——受到限制的当前的瞬间和它被设定为超出自身的状态的不受限制性——必定同时是这二者，因此，必定是作为永恒而存在。

　　同样，我们也不可能要求直观和理念，或者更好地说，和必然的二律背反相对立。和理念对立的直观是受限的定在（Dasein），恰恰因为它排除了理念。直观实际上是理性假设的东西，但不是被假设为受限者，而是为了把反思作品的片面性补充完整。——不是要让直观与反思保持对立，而是要它们合而为一。我们从根本上看到，这整个假设方式在如下事实中有其根据，即它是从反思的片面性出发的；这种片面性必需假设从中排除出去的对立，以弥补它的缺陷。但是，从这种观点来看，理性的本质获得了一个不恰当的位置，因为它在这里看来不像一个自足的东西，而像一个匮乏者。但是，如果理性认识到自己是绝对的，那么，哲学就会在以反思作为出发点的那种方式停止的地方开始：哲学始于理念和存在的同一。哲学没有假设对立中的一方，因为它以绝对性直接设定了这二者，而理性的绝对性无非就是这二者的同一。

45

哲学思考和哲学体系的关系

只有在经过努力成为消灭一切固定东西的原理，并成为受限者和绝对之间的关联时，哲学的需求才能获得满足。这种在绝对的同一性原理中的满足根本上存在于哲学思考之中。已知的东西从它的内容来说是一个偶然的事物；各种分裂——已知的东西是从这些分裂的消灭中出现的①——是被给定的和已经消失不见的，但它们不会再次把自己建构为综合。这样一种哲学思考的内容在自身之中根本不会有什么关联，它也不会构成一种客观的知识的总体性。单单由于它的内容的无关联性，这种哲学思考就并不必然是一种推理。推理只会把被设定者分散为更大程度的多样性，而如果知性被推进这股洪流之中，随波逐流，漂泊无定，那么，知性的多样性的这种完全毫无节制的扩张就会继续存在。而对于真正的、尽管毫无关联的哲学思考而言，与此相反，被设定者和它的对立者消失了，因为它不仅使它们关联于其他受限制者，而且使它们与绝对关联，并因而扬弃了它们。

46　　但是，因为受限物是多种多样的，受限者和绝对的这种

---

① ［译注］这里的译文遵从的是首版的句子（aus deren Vernichten），而非《著作集》校改后的句子（auf deren Vernichten）。

关系是多种多样的关系，所以，哲学思考必须以把这种多种多样性本身设定在关系中作为旨归。这样，就必定会出现产生一种知识的总体性、一种科学的体系的需求。也正是因为如此，这些关系的多样性才能摆脱偶然性。因为那些关系维持了它在知识的客观总体性之中的位置，并且实现了它们的客观完整性。那种并不把自己建构为体系的哲学思考持续不断地逃避各种限制，——那种变得对于自己更有把握和对自己一清二楚的东西，与其说是理性的纯粹的自我认识，不如说是理性为了自由而进行的斗争。自由的理性和它的行动是合一的，而它的活动是自身的一种纯粹的表达。

在理性的这种自我生产中，绝对将自身塑造为一种客观的总体性，这种总体性在自身中就具有一个整体，而且完整无缺，它在自身之外没有任何根据，相反，它通过自身而奠基于它的开端、手段和目的之中。一个这样的整体看起来就像一个由命题和直观组成的有机体。理性的每一个综合以及与之相应的直观，这二者在思辨中统一起来，就成为本身就在绝对和无限之中的有意识的东西和无意识的东西的同一性。但与此同时，这种综合又是有限的和受限制的，因为它被设定在客观的总体性之中，而在它之外还有其他综合。这种最少分裂的同一性——客观地看，是物质，主观地看，是感觉（自我意识）——同时是一种无限对立的、彻底相对的同一性。理性、总体性的（就此而言客观的总体性的）能力通过它的对立者而完成这种同一性，通过这二者的综合而生产出一种新的同一性，而这种新的同一性在理性面前是一种有缺陷的同一性，它以同样的方式再次补充自己。既称不上综合又称不上分析的体系的方法以最纯粹的方式出现了，如果它显示为理性自身的一种发展的话；理性并不总是把它的现象的流射（Emanation）当作一种复制品召回自身——因此，它只能消灭它们——，相反，它在这种流射中把自身建构为一种以这样的复制为先决条件的同一性，又把这种相对的同一性和自身对立起来，结果，这个体系向前发展成了完整的、客观的总体性，把它和与之对立的主观的总体性结合在一起成为无限的世界观，这个世界观的扩张因而同时收缩为最丰富而又最简单的同一性。

可能出现的状况是，一种真正的思辨并不能在体系中完全表达出自己，或者，体系的哲学和体系自身并不重合，一个体系以最确定的方式表达出消灭一切对立的倾向，而且自身并不能穿透到最完整的同一性之中。尤其是在对哲学体系进行评判时，这两种考虑的区别极其重要。如果在一种体系中，被当作基础的需求没有得到充分发展，而且它只有在持存者的对立之中才能把一个有条件者提升为绝对，那么，它作为一个体系就变成了独断论。但是，真正的思辨可能存在于大相径庭而又相互诋毁对方为独断论和精神错乱的哲学中。哲学的历史自有其不可湮灭之价值和趣味，如果它坚持这种观点的话。否则，它就不会给予我们这样一个以无限多样形式表现自身的永恒而同一的理性之历史，可能不过就是关于人类精神的偶然事件和无足轻重的意见的一种叙述而已，这些意见被强加给了理性，尽管它们本来只应该成为那个不能在它们之中认识到理性的东西的人的负担，它却因而把它们彻底颠倒了。

一种真正的思辨尽管没有达到它在体系中的完美的自我建构，但是，这种思辨必然地从绝对的同一性出发；绝对的同一性分裂成主观的和客观的同一性，这种分裂是绝对的产物。因此，基本原理完全是先验的，而从它的立场出发，根本就不存在主客观的绝对对立。但是，由此，绝对的显现就是一种对立，但是绝对并不在它的显现之中；这两者自身是对立的。显现并不是同一性。这种对立并不能被先验地扬弃，也就是说，它不能像本来就不存在任何对立那样被扬弃。显现就这样被消灭了，而显现应该还是同样存在。这就好像是在声称，绝对在它的显现中摆脱了自身。绝对必须把自己设定在显现自身之中，也就是说，不能消灭显现，而只能把它建构为同一性。一种虚假的同一性是在绝对和它的显现之间的因果关系；因为绝对的对立是这种关系的基础。在这种因果关系中存在两种对立，但是是在不同的等级上的对立。统一是强制的，一方把另一方收归自己的统辖之下；一方进行统治，而另一方奉命唯谨。统一性是在一种仅仅相对的同一性中强求得到的。应该是一种绝对的同一性，实际上是一种不完美的同一性。体系变成了一种独断论，——变成了一种实在论，这种实在论绝对地设定了客观性，或者变成了一种观念论，这种观念论绝对地设定了主观性——而反对它的哲学，如果这二者（在前者那里比在后者那里更加模棱两可）是从真正的思辨中产生出来的话。

纯粹的独断论是一种哲学的独断论，这种独断论根据它的倾向也内在于对立之中。因果关系在它的比较完备的形式中，作为相互作用，作为理智对于感性的作用或者感性对于理智的作用，在独断论中作为基本原理占据统治地位。在前后一贯的实在论和观念论之中，这种关系也只起到一种次要作用，即使这种关系看起来占统治地位，而且在实在论中，主体被设定为客体的产物，而在观念论中，客体被设定为主体的产物。但是，因果关系从本质上说是要被扬弃的，因为生产是一种绝对的生产，产物是一种绝对的产物，或者说，因为产物除了在生产之中就没有了持存，它不能被设定为一个独立的东西，先于生产并且独立于生产而持存，就像在纯粹的因果关系、独断论的正式原则中的情况那样。在独断论中，产物是一个被 A 设定的东西，而与此同时也是一个不被 A 设定的东西，因此，A 绝对地只是一个主体，而 A＝A 则只表达了知性同一性。即使哲学在它的先验的事务中利用了因果关系，那么，看起来与主体相对立的 B 根据它的对立状态也只是一种纯粹的可能性，而且绝对地保持为一种可能性，也就是说，它只是一种偶性。真正的思辨关系，实体性关系，是以因果关系的假象出现的先验原理。我们也可以从形式上来这样表达：真正的独断论承认两个基本原理 A＝A 和 A＝B，但是它们相互并列地保持在二律背反中，而没有被综合在一起。它没有认识到这里包含着一个二律背反，因此也就并不存在扬弃对立者的持存这种必然性。通过因果关系从一方过渡到另一方就是对它来说的唯一可能的不完整的综合。尽管在先验哲学和独断论之间存在这种鲜明的差异，但是在独断论将自身建构为一个体系时，先验哲学很容易变为独断论；因为除了绝对的同一性就不存在任何其他东西，而且一切差异和对立的持存都在它之中扬弃了自身，所以，先验哲学拒绝承认任何实在的因果关系有效，——但是，因为同时持存的不仅是显现，还有绝对和显现之间的一种关系，而不是绝对和显现的消灭之间的关系——，所以，先验哲学引入了因果关系，使显现成为一种隶属的东西，因此把先验直观设定为了只是主观的，而不是客观的，或者，不把同一性设定在显现之中。A＝A 和 A＝B 这两者都保持为无条件的，但应该只有 A＝A 绝对有效；也就是说，它们的同一性并没有表现在它们真正的综合之中，这种真正的综合绝不是单纯的应该（Sollen）。所以，在费希特的体系中，"自我等于自我"是绝对。理性的总体性导致第二个命题，而这个命题设定了非我（Nicht-Ich）。它不仅存在于设定两种完整性所导致的二律背反中，

50

还假设了它们的综合。但是，在这种综合中，对立依然保持着；不应该存在自我和非我都被消灭的情况，而应该继续存在一个命题，这个命题在等级上应该高于另一个命题。体系的思辨要求扬弃对立者，但是体系自身不能扬弃它们；体系成功地达到的绝对的综合并不是自我等于自我，而是自我应该等同于自我。绝对是为了先验的观点而不是为了显现的观点建构起来的；两者仍然相互矛盾。因为同一性并不同时被设定在显现中，或者同一性也并没有完全转变为客观性，所以，先验性自身是一个对立的东西，是主观的东西。人们能够说，显现没有被完全消灭。

在接下来对费希特体系的阐述中，我将尝试指出，纯粹意识，在体系中作为绝对而被建立起来的主客体的同一性，是一种主观的同一性。这一阐述将展示证明自我、体系的原理是主观的主体—客体的过程，既有对这一过程的直接展示，也借助了自然的演绎，尤其是借助道德和自然法权的特殊科学中的各种关系，以及全部的体系和与审美领域的关系。

51　　通过以上所述，我们可以看到，我们在这种阐述中首先要讨论的是费希特的哲学体系（Philosophie als System），但它还不是一种纯正的哲学思考（Philosohieren）。作为哲学，它是最彻底又最深刻的思辨，而且因为在它出现的时间里，甚至连康德哲学也不能唤起理性去达到纯正思辨所遗失的概念，所以它就显得更加令人瞩目。

对费希特体系的阐述

费希特体系的基础是理智直观、纯粹的自我思考、纯粹的自我意识、我＝我、我是（我存在，Ich bin)①；绝对是主体—客体，而自我则是这种主客体的同一。

在普通的意识中，自我出现在对立之中；哲学必须解释与客体的这种对立。解释这种对立也就意味着指出它如何以他者为条件，从而证明这种对立是显现。如果可以证明，经验意识完全奠基于纯粹意识，而不仅仅以纯粹意识为前提，那么，对立就会因此而被扬弃，只要这个解释是完整的，即被揭示的不仅仅是纯粹意识和经验意识的部分同一性。如果经验意识中还余下一个不被纯粹意识规定的方面，而是无条件的，那么，这种同一性就只是部分的。因为只有纯粹意识和经验意识作为最高的对立环节出现，纯粹意识才会被经验意识规定且限制，因为经验意识是无

① 参见费希特：《全部知识学的基础》（1794 年），《费希特全集》，第一卷，第 94 页。

52

— 059 —

条件的。它们之间的关系就会以这种方式成为一种相互关系，它们本身就包含相互的规定和被规定状态，但是，这种关系预设了相互作用的事物存在绝对对立，并因而预设了绝不可能在绝对的同一性中扬弃对立。

对哲学家来说，这种纯粹自我意识是通过如下方式产生的，即它在思维中舍弃了一切不属于自我的外物，只坚持主体和客体之间的关系。在经验直观中，主体和客体是对立的；哲学家把握住了直观的活动，他直观到直观，因而把它领会为一种同一性。对直观的直观一方面是哲学反思，它和普通的反思与经验意识根本对立，经验意识不能超越自身及其对立面；另一方面，这种先验的直观同时是哲学反思的对象，是绝对、原初的同一性。哲学家把自己提升到自由之中以及绝对的立场上。

从现在起，他的任务就是扬弃先验意识和经验意识的表面对立。一般地说，这是通过从前者演绎出后者来实现的。这种演绎必然不可能是向外在对象的过渡。先验哲学的旨趣完全在于，不是通过一种外在于它的原理，而是通过一种内在原理，以原理的能动的流溢或自我生产来建构经验意识。在经验意识中，不通过纯粹自我意识建构起来的东西几乎不可能出现，因为纯粹意识本质上和经验意识是不同的。这二者的形式区别在以下这一点体现出来，即在经验意识中显现为客体、和主体对立的东西，在对经验直观的直观中被设定为同一，因此，经验意识就通过那种构成其本质的东西得以完善，尽管它对此没有任何意识。

这个任务也可以这样表达：通过哲学，作为概念的纯粹意识应该被扬弃。在与经验意识对立时，理智直观，对于思维自身的纯粹思维，表现为概念，也就是说，表现为舍弃了一切多样性、主体和客体之间一切不相等的抽象。理智直观固然是纯粹的活动、行动、直观，它只存在于能够产生它和它能够产生的自由的自我活动中。但是，这种行为可以把自身从一切经验性的东西、多样性、对立中摆脱出来并且把自身提升为思维的统一性、自我等于自我、主体和客体的同一性，它仍然和其他行为对立。就此而言，它能被规定为一个概念，是因为它和与它相对立的东西共享一个共同的、更高的领域，也就是思维一般的领域。除了思维对自身的思维之外，还有其他思维，除了自我意识，还有多种多样的经验意识，除了作为客体的自我以外，还有许多的意识的客体。自我意识的行为决定性地与其他意识不同，是因为它的客体等同于它的主体；就此而言，"自我等于自我"和无限的客观世界相对立。

先验的直观以这种方式不会形成任何哲学知识，相反，如果反思强占了先验直观，把它与其他直观相对立，并坚持这种对立，那么，任何哲学知识都是不可能的。自由的自我活动这种绝对的行为是哲学知识的前提，但这种行为还不是哲学本身。通过哲学，经验知识的客观总体性等同于纯粹的自我意识，纯粹的自我意识就因而完全作为概念或对立者被扬弃，从而经验意识也被扬弃。有人称，一般地说只有纯粹意识，而自我等于自我就是绝对；一切经验意识就只是自我等于自我的纯粹产物，就此而言，经验意识就会遭到彻底的否认，因为在它之中或者通过它，只有一种绝对的二元性，在它之中只会出现一种被设定的存在，这不是一个自我为了自我且通过自我而设定的存在。通过自我的这种自身设定，一切都被设定了；除此之外，不存在任何东西。纯粹意识和经验意识的同一不是一种舍弃其原初对立的抽象，相反，它的对立是一种舍弃了其原初同一的抽象。

理智直观因此被设定为等同于一切，它就是总体。一切经验意识和纯粹意识的这种同一就是知识（Wissen），而认识了这种同一的哲学就是知识的科学（知识学）①。哲学必须通过行动、通过客观的东西现实地从自我中发展出来，以证明经验意识的多样性是和纯粹意识相等同的，并且把经验意识的多样性描述为自我意识的客观总体性。在自我等于自我中，知识的全部多样性被给予了哲学。在纯反思看来，从统一性中推导出多样性，从纯粹的同一性中推导出二元性，这种演绎就是自相矛盾的开始；但我＝我的同一性绝不是纯粹的同一性，也就是说，绝不是通过反思的抽象作用而形成的同一性。如果反思把我＝我领会为

① 参看费希特：《论知识学的概念》，《费希特全集》，第一卷，第43页。

统一性，那么，它就必须同时把它领会为二元性。自我等于自我既是同一性，也是双重性（Duplizitaet），它是自我等于自我中的一种对立。自我在某一时刻曾经是主体，但在另一时刻是客体；但是，和自我相对立的东西，同样是自我。对立者是同一的。因此，经验意识不能被视为从纯粹中脱离；根据这种观点，以纯粹意识为起点而得到的一门知识的科学当然就是荒唐无稽的。经验意识似乎完全摆脱了纯粹意识这样一种观点，就是以上述抽象为基础的，在这样的抽象中，反思把它的对立者都孤立起来了。作为知性的反思本身无法把握先验直观。如果理性也达到了自我认识，那么，即使给予反思空间，它还是会把理性的东西重新颠倒为对立的。

迄今为止，我们已经描述了体系纯粹先验的方面，反思在这方面没有任何力量，相反，哲学的任务为理性所规定，并且通过理性得到描述。由于这种纯正的先验的方面，所以，反思所统治的另一面就更难根据其起点来把握，也更难完全坚持，因为反思把理性的东西颠倒成了知性的东西，而对于知性的东西而言，是否会回退到先验的方面总是悬而未决的。那么，我们必须指出，本质上属于这个体系的两种立场，思辨的立场和反思的立场（后者在这个体系中并不处在从属的位置），这两者都是绝对必要的，以不相结合的方式处于体系的核心。——或者说，自我等于自我是思辨的绝对原理，但这种同一性并没有被体系展示出来。客观的自我并不等同于主观的自我，两者保持着绝对的对立。自我并不处于显现之中，为了发现自身就是自我，它必须消灭它的现象。自我的本质和自我的设定并不完全重合：自我对于自身来说并不是客观的。

费希特在其知识学（Wissenschaftslehre）中选择了基本原理的形式来阐述其体系的原理，在前文我已提到其不便之处。第一条基本原理是自我的绝对自身设定（absolutes Sich-selbst-Setzen des Ich），即自我作为无限的设定；第二条基本原理是绝对的对立，或者设定一个无限的非我；第三条基本原理是前两条原理通过绝对地分割自我和非我来达到绝对的统一，把无限的领域分配给一个可分的自我和一个可分的非我。这三条绝对的基本原理阐述了自我的三种绝对的行动。从绝对的行动的这种复数性（Mehrheit）可以直接推断出，这些行动和基本原理都只是相对的，或者说，就它们深入到意识的总体建构而言，都只是观念的因素。在这种立场之中，自我等于自我只具有纯粹的自我意识的意义，因为这种意识和经验意识对立；它以对经验意识的抽象为条件，第二条和第三条基本原理在多大程度上受到制约，第一条基本原理也就同样受制约。即使它的内容完全不为人所知，绝对的行动的这种复数性已直接指明了这一点。理解自我等于自我、自我绝对的设定自身，不需要将其视为有条件的。与此相反，我们在前面已经在它的先验意义上把它看作绝对的（而不只是

— 064 —

作为知性的）同一性。但是，如果以这种形式把自我等于自我作为许多基本原理中的一项，那么，它除了具有和经验相对立的纯粹自我意识，以及和普通反思相对立的哲学反思之外，就没有别的意义。

但是，这种纯粹的设定和纯粹的对立的观念因素，只是为了哲学反思而被设定的，尽管哲学的反思以原初的同一性为出发点，但是它恰好（为了描述这种同一性的真正本质）始于对这种绝对对立的阐述，并且把它和二律背反联系在一起，这是反思绝对的唯一方式，为的是立即把绝对的同一性摆脱概念的领域，并且把它建构为一种同一性，这种同一性并不舍弃主体和客体，相反，它是主体和客体的同一性。这种同一性不能以下列方式来把握，即纯粹的自我设定自我和纯粹对立这二者是同一个自我的行动；这样一种同一性绝非先验的（transzendentale），而是超验的（transzendente）。对立者的绝对矛盾应该持续存在，这二者的统一会把自身仅仅减少到对活动的一般概念的统一。于是，这就要求有一种先验的统一，在这种统一中，两种活动的矛盾本身被扬弃，从观念的要素中建构起一种真正的、同时既是观念的又是实在的综合。这种综合给出了第三条基本原理：自我在自我之中设定了一个和可分的非我。[①] 这个无限的客观领域，对立者既不是绝对的自我，

58

---

① 费希特：《全部知识学的基础》，《费希特全集》，第一卷，第110页。

也不是绝对的非我，相反，它包含着对立的东西，被对立的因素充满，这种东西处于以下这种关系中，即其中一个被设定得越多，那么，另一个就被设定得越少，——因此其中一个因素升起，另一个就跌落了。

但是，在这种综合中，客观的自我并不等同于主观的自我；主观的自我是自我，而客观的自我等于自我加上非我。在这一综合中没有表现出原初的同一性。一方是自我等于自我这种纯粹意识，另一方是经验性的"自我等于自我加非我"以及建构自身的一切形式的非我这种经验意识，这两者依旧保持对立。如果第一条基本原理和第二条基本原理的行动是绝对对立的活动，那么，第三条基本原理所表述的这一综合，其不完整性就是必然的。或者从根本上说，任何综合都是不可能的；只有在自我设定和对立设定这两个活动都被设定为观念的要素时，综合才是可能的。那些绝不可能成为概念的活动只被当作观念的因素来处理，这似乎自相矛盾；[但是]，有待统一在一起的自我和非我、主观和客观，到底是被表达为活动（设定和对立）还是产物（客观的自我和非我），这都没有任何区别，对于一个原理是同一性的体系来说也是如此。它的绝对对立的特征会直接使它成为一种纯粹观念性的东西，而费希特承认它们纯粹的观念性。在费希特看来，对立者在综合之前还是综合之后是截然不同的：在综合之前，它们就是单纯的对立者，而不是别的；一方是另一方之所不是，而另一方也是这一方之所不是——一种没有任何实在性的单纯的思想，以及更糟的，关于单纯的实在性的思想。一方出现时，另一方就被毁灭了；但是，这一方只能在与对方对立这个谓词之下出现，所以，在一个概念出现时，另一方的概念也同时出现，并且消灭前一个概念；因此，甚至这一个概念也不能出现。就这样，根本就没有任何东西存在，只有想象力的一种善意的欺骗，它神不知鬼不觉地把一种基质强加给单纯的对立，使我们有可能对它们思考。① ——从这种对立因素的观念性中可以推断出，它们只存在于综合的活动中，只有通过这种综合活动，才能设定它们的对立状态和它们自身，它们的对立只是为了哲学建构，为了使这种综合的能力得到理解才会被利用。生产性的想象力本身就是绝对的同一性，这种同一性只有在设定产物、界限，同时把对立设定为划定界限者的时候，才会被构想为活动。这种生产性的想象力显现为以对立作为先决条件的综合能力，这一点只对反思的立场有效，因为反思是从对立者出发，把直观仅仅领会为对立者的结合。60但是与此同时，为了把这种观点标记为主观的、属于反思的观点，哲学反思必须通过以下方式建立起先验的立场，即在考虑到绝对的同一性时，认识到那些绝对对立的活动无非就是观念的因素，而在彻底相对的同一性中，经验意

---

① 费希特：《全部知识学的基础》，第224页以下。

识和它的对立面纯粹意识一道被扬弃了，尽管纯粹意识是对前者的抽象而在它之中有一个对立物。只有在这种意义上，自我才是两种对立的活动的先验中心，而且对这二者都漠然置之。它们的绝对对立只对于它们的观念性有意义。

在第三条基本原理表达出来的综合中，客观的自我是一个自我加上非我，单单这种综合的不完整性就已经在自身中唤起了怀疑，即对立的活动不应仅仅被当作相对的同一性、观念的因素；如果只考虑到它们和综合的关系，舍弃这两种活动和第三种活动同样具有的绝对性的头衔，人们才会如此认为。

但是，自我设定和对立不该在彼此之间和与综合活动的关系起作用。自我等于自我是绝对的活动，在任何方面都不应被视为相对的同一性和观念性的因素。非我是绝对对立的；但它们的统一是必然的，也是思辨的唯一兴趣。但是，在预设了绝对对立的前提下，什么样的统一是可能的呢？显然，实际上根本没有任何统一；或者说——因为其对立的绝对性至少要被部分地否定，而第三条基本原理必定会出现，但是，对立成了基础——只有部分的同一性是可能的。绝对的同一性确实是思辨的原理，但就像它的表述"自我等于自我"一样，这一原理仍然只保持为规则，它假设了无限的实现，却不构建于体系中。

关键在于必须要证明，自我设定自身和对立是体系之中的绝对对立的活动。费希特的用词的确直接说出了这一

61

点；但是，这种绝对的对立恰好是生产性的想象力得以可能的条件。但是，生产性的想象力是作为理论能力的自我，这种能力并不能把自身提升到对立之上；对于实践的能力来说，对立是可以忽略不计的，而唯有实践的能力是那种能够扬弃对立的能力。因此，就有必要证明，对于实践的能力来说，对立也是绝对的，即使是在实践的能力之中，自我也不能把自己设定为自我，相反，客观的自我总是等于自我加上非我，而实践的能力并不能达到自我等于自我。事情完全颠倒过来了，对立的绝对性是从体系的最高综合的不完整性中产生出来的，对立仍然存在于最高的综合之中。

独断的观念论通过完全否认客体，而把对立的一方（即在其规定性中的主体）设定为绝对，从而以保持原理的统一性，一如独断论在其纯粹的唯物主义中否认了主观的东西。如果哲学思考只是基于对这样一种同一性的需求，而这种同一性是通过否定对立的一方，绝对地从这一方抽象出来而实现，那么，这二者的哪一方面，是主观方面还是客观方面被否认，都无关紧要了。它们的对立是在意识中，一方和另一方的实在性一样都奠基于此。纯粹意识能在经验意识中得到的证明，和物自身能够在独断论者那里得到的证明在程度上完全一样。无论是主观的还是客观的东西都不能单独填满意识。纯粹主观和纯粹客观一样都是抽象。独断的观念论把主观设定为客观的实在根据，

62

独断的实在论把客观设定为主观的实在根据。一以贯之的实在论根本上否认意识是一种自我设定的自我活动。但是，如果它的客体——实在论将之设定为意识的实在根据——也被表述为"非我等于非我"，如果它在意识中揭示了客体的实在性，从而对它提出意识作为一个绝对的同一性的要求，以和客观地外在并列着的有限者相对立，那么，它当然必须放弃其纯粹客观性的原理的形式。一旦实在论承认了一种思维，那么，自我等于自我就可以从对思维的分析中显示出来。这就是被表述为命题的思维；因为思维是对立者的自我能动的关联，而关联就是把对立者设定为平等的。正如观念论断言了意识统一性的有效，同样，实在论也断言意识二元性的有效。意识的统一性预设了二元性，而关联预设了对立状态；另一个命题和自我等于自我这个命题同样绝对地对立：主体不等于客体；两个命题处在同样的层级上。费希特阐述其体系的某些形式极可能诱导大家相信，它是一个独断的观念论的体系，这种观念论否认和它相对立的原理——正如莱茵霍尔德忽视了费希特的原理的先验意义，而根据这一原理，必须同时在自我等于自我之中设定主体和客体的差异；他在费希特的体系中看到的是绝对的主观体系，也就是说，一个独断的观念论。①——而费希特的观念论与众不同之

① 莱茵霍尔德：《论文集》，第一册，第124页以下。

处恰恰在于，它所建立的同一性并不否认客观的东西，相反，它把主观和客观设定在同等级别的实在性和确定性上，——纯粹意识和经验意识是合一的。为了主体和客体的同一性，自我设定在我之外的物，就像自我设定自我一样确定。正如我确定地存在，事物也同样确定地存在。——但是，如果自我只设定物或者自身，只设定其中一方或者同时设定二者，却是分离的，那么，自我自身就不会在体系中变成"主体等于客体"。主观的东西确实是"主体等于客体"，但是客观的东西不是，因此，主体并不等于客体。

自我作为理论的能力并不能完全客观地设定自我，并且摆脱对立。"自我把自我设定为受非我所规定的东西"① 是第三条基本原理的一部分，通过这个部分，自我将自我建构为理智的东西。现在，如果客观的世界证明自己是理智的一个偶性，而且非我——理智自身被非我设定为自我规定的——是一个无规定的东西（不确定物），对它的任何规定都是理智的产物，那么，还剩下的就是理论能力的这样一个方面，理论能力受制于它的这一个方面。也就是说，还剩下的就是客观世界，客观世界在理智对它的无限规定性中一直同时对它保持为一个某物，这个某物同时对它又是不确定的。非我固然没有任何肯定性的特

① 费希特：《全部知识学的基础》，《费希特全集》，第一卷，第127页。

征，但是，它具有要成为他者，也就是说，要成为一个对立物一般的否定性的特征，或者像费希特所表述的那样：理智以一种推动力（Anstoß）为先决条件，而这种推动力自身是彻底无规定的。① 因为非我只是表达了否定的方面，一个无规定物，所以，它本身只有通过一个自我的设定才能获得这种特征：自我把自身设定为未被设定的；一般意义上的对立，设定一个通过自我而被绝对设定的无规定物，这种做法本身就是一种自我的设定。在这一转变中，考虑到它受制于一个等于 X 的他者，自我的内在性也被断言为理智。但是，这种矛盾只能获得另外一种形式，由于这种形式，它变成内在的了：也就是说，自我设定了对立和自我的自己设定自己是自相矛盾的。理论的能力绝无可能从这样一种对立中摆脱出来。因此，对于理论能力而言，对立仍然保持为绝对的。生产性的想象力漂浮在绝对的对立者之间，它只能在界限之处综合它们，但是它无法做到把它们对立的终端统一在一起。

自我没有通过理论的能力而把自身变成客观的；它并没有达到自我等于自我，相反，它将客体产生为自我加上非我。或者说，纯粹意识并不能证明自己等同于经验意识。

正是从这里产生了关于客观的世界的先验演绎的特

① 费希特：《全部知识学的基础》，《费希特全集》，第一卷，第248页。

征。自我等于自我作为思辨的原理或主观的哲学反思的原理，它必须通过以下方式证明自己作为哲学的原理是客观的，即扬弃了与经验意识的对立。如果纯粹意识从自身中生产出活动的多样性，而这种多样性又等同于经验意识的多样性，那么，扬弃对立就一定会发生。因此，自我等于自我就会证明自己是外在并列的客观物的总体性的内在的实在根据。但在经验意识中，有一个对立物，一个 X，因为纯粹意识是一个自我设定，所以，它不能从自身中产生或克服，因而必须预设。那么问题是，就绝对的同一性显现为理论的能力而言，它能否完全舍弃主观性与经验意识的对立，并且在这个领域内部变成对自己而言的客观的东西，A = A。但是，这种理论的能力，作为把自身设定为自我的自我，被非我规定的自我，根本上不是一个纯粹的内在的领域；即使在这个领域内，自我的所有产物也不由自我规定；纯粹意识从自身中生产出经验意识的多样性时，它也因而显示出欠缺多样性的特征。纯粹意识的这种原本的缺陷相应建构了一般意义上客观世界进行演绎的可能性，而纯粹意识的主观方面在这一演绎中最清楚地显示出来了。自我设定了一个客观的世界，因为就它自己设定自己而言，它认识到了自己的缺陷；因此，纯粹意识的绝对性就消失了。客观世界和自我意识维持着这样一种关系，即客观的世界是自我意识的一个条件。纯粹意识和经验性

65

意识互为条件，一方和另一方同样必要。根据费希特的表述，① 纯粹意识向前发展成为经验意识，因为纯粹意识绝不是完整的意识。——在这种相互关系之中，它们的绝对对立依然保持；在这里能够发生的同一性是极端不完整的和表面的；必然会存在另一种同一性，它在自身中把握到了纯粹意识和经验意识，但将它们都作为它们之所是去扬弃。

我们在下面将要讨论客观的东西（或者自然）通过演绎而获得的形式。但是，从已经讨论过的演绎形式中产生的纯粹意识的主观性，在演绎的另外一种形式方面给我们启发，即客体的生产是自由的活动的一种纯粹行为。如果自我意识是以经验意识为先决条件的，那么，经验意识就不会成为绝对自由的产物，而自我的自由活动也就变成对客观世界的直观建构中的一个因素。世界是理智的自由的一个产物，这是观念论明确地陈述过的原理，而如果费希特的观念论没有把这一原理建构为一个体系，那么，它失败的根据就在于这个体系中的自由出现时所具有的特征中。

哲学反思是绝对自由的行为，它通过绝对的任性（Willkür）而把自身从给定状态的领域中提起，并有意识地生产理智于经验意识中无意识地生产并因此被视为给定

① 费希特：《全部知识学的基础》，《费希特全集》，第一卷，第167页以下。

物而显现的东西。在哲学反思的意义上，必然的表象的多样性作为一种通过自由而产生的体系形成了，在这种意义上，就不会把无意识地产生一个客观的世界宣称为一个自由的行为，因为就此而言，经验意识和哲学意识是互相对立的，——但是，在它们都是自我设定的同一性中，自我设定自我、主体和客体的同一性，是自由的活动。在前面阐述的通过纯粹意识或自我设定产生客观的世界之中，必然存在着一种绝对的对立；就客观世界被演绎为一种自由行动而言，绝对的对立就会显现为自我通过自身而对自我的限制，而生产性的想象力就会通过两个因素被建构起来，一是以无限的领域为目标的未被规定的活动，二是以有限化为目标的限制的活动。如果反思活动同样被设定为一种无限的活动，那么，它也应该被设定为一种自由的行动，自我自由地限制自身；它之所以必须被如此设定，是因为它在这里是观念性的因素、一个绝对的对立者。自由和限制并不会以这种方式相互地外在对立，而是把自身设定为无限的——以及有限的：这就是上面作为第一条和第二条基本原理的对立而出现的东西。限制因此无论如何都是一个内在物，因为它就是自己限制自己的自我；客体之被设定，只能是为了解释这种限制，而理智的自我设定就是唯一的实在物。在主体和客体之间设定了经验意识的绝对对立就以这种方式被扬弃，但它又会以其他方式被送回理智自身。理智发现自己曾经被锁闭在不可理喻的限制

67

中，而它的自我限制法则对自身而言是无法理解的；但恰恰是普通意识对于自身来说的那种不可理喻的对立，才是驱使它走向思辨的东西。但是，由于在理智自身中被设定的限制，在体系之中仍然保持着这种不可理喻性，而打破这种限制的怪圈就是哲学的需求的唯一旨趣。——如果自由被设定为与限制性的活动相对立，就像自己设定自己和对立相对立，那么，自由就受到了限制，而这是不应该发生的；如果限制性的活动也被设定为一种自由的活动，——就像上面自己设定自己和对立这二者被设置入自我中，——那么，自由就是绝对的同一性，但是它和它的显现相矛盾，它的现象一直都是一种非同一的、有限的和不自由的东西。体系内的自由不能成功地生产自己；产物并不与生产者对应；以自己设定自己为出发点的体系在一个由诸有限者组成的无限系列中，引导着理智走向它的被决定的条件（bedingten Bedingung），但不在它们之中或者通过它们把它再次制造出来。

因为在无意识的生产中，思辨不能完全揭示其自我等于自我的原理，但是，理论能力的客体必然包含一个没有被自我规定的东西，因此，我们必须求助实践的能力。自我并不能借助无意识的生产而成功把自身设定为自我等于自我，或者直观到作为"主体等于客体"的自身。因此，就仍然存在着这样一个要求，即自我将自身生产为同一性，"主体等于客体"，也就是说，自我实践地生产，自我将自己变形为客体。这个最高的要求在费希特的体系中仍然保持为一个要求；它不但没有溶解为一个真正的综合，反而被固化为要求了，因此，观念物和实在物变得绝对对立，而使自我成为"主体＝客体"的最高自我直观也变得不可能。

自我通过主观性和 X（X 是自我在无意识的生产中形成的）的对立而重建自身并且和它的显现合而为一，这是不可能的；——这种不可能性在于：体系所揭示出来的最高综合是一种应当（Sollen）。自我等于自我转变成：自我应当等于自我；体系的结果没有返回它的开端。

自我应当消灭客观的世界，自我应当和非我具有绝对的因果性；① 人们发现这种情形是矛盾的，因为这样的话，非我就会被扬弃，而对立或者说非我的设定是绝对的。纯粹活动和客体的关联因此也只能被设定为一种"努力"（Streben）②。因为它阐述了自我等于自我，所以，客观的、等同于主观物的自我有一个对立物，也就是说，有一个同时反对自身的非我；前者是一种观念性的东西，而后者是一种实在性的东西，它们应当是等同的。在实践上这样假设绝对的应当所表达出来的无非是一种被思维到的（gedachte）对立之统一，它没有把自身统一在直观中所表

---

① 费希特：《全部知识学的基础》，《费希特全集》，第一卷，第 250 页以下。
② 同上书，第 261 页以下。

达的只是第一条基本原理和第二条基本原理的反题。

这样一来，"我 = 我"就被思辨抛弃，并落入反思的手中了；纯粹意识不再作为绝对的同一性出现，而是在它最高的尊严中和经验意识对立。——由此也就澄清了，自由在费希特的这个体系中具有什么特征；也就是说，它不是对立者的扬弃，而是与之对立，并且在这种对立中作为否定的自由而被固定下来。理性通过反思把自己建构为和一种多样性绝对地对立的统一性，应当表达出了这种持续存在的对立，即绝对同一性的非存在。纯粹的设定是自由的活动，它以一种主观的绝对的形式，被设定为一种抽象。体系以之为出发点的先验直观，以其哲学反思的形式从而是一种主观的东西，而哲学的反思通过绝对的抽象把自身提升为对于思维自身的纯粹思维。为了在它真正的无形式中拥有先验直观，主观的这种特征必须被舍弃；为了能够把它提升为真正的主体和客体的同一性，思辨必须从它的主观的原理中除去这种形式。因此，属于哲学的反思的先验直观，和既不是主体也不是客体的先验直观都保持为同一个东西，主体等于客体再也不产生于差异和反思；它保持为一个主观的主体等于客体，对它来说，显现绝对是一个陌生的东西，它不能成功地做到在其显现中直观自身。

自我的理论能力能在何种程度上成功地达到绝对的自我直观，自我的实践能力也就同样如此。后者和前者都受

到一种推动力的制约，而这种推动力无法作为事实从自我
中推导出来；该演绎具有的意义是，推动力被揭示为理论
的能力和实践的能力的条件。二律背反依旧是二律背反，
而且表现在努力之中，而努力就是作为活动的应当。这种
二律背反并不是绝对在反思面前显现的形式，就好像在反
思看来，除了通过二律背反，任何其他把握绝对的方式都
是不可能的；相反，二律背反的这种对立是固定的，是绝
对的：作为活动，也就是说作为努力，它应当保持为最高
的综合，而无限的理念应当依旧是康德意义上的理念，也
就是说，在康德的意义上，理念和直观是绝对对立的。理
念和直观的这种绝对的对立以及其综合，无非是一种自我
毁灭的要求，也就是说，它要求统一，但它不应当发生，
因为它在无限的过程中表达自身。就这样，绝对的对立被
推到一个较低的立场的形式中，而长期以来，理性认为这
种形式是对于对立的真正扬弃和对于二律背反的最高解
决。延伸进永恒的定在把理念的无限性和自我直观包含其
中，但是这两者以这种形式存在，使得它们的综合成为不
可能。理念的无限性排除了一切多样性，与此相反，时间
却直接把对立、一种相互外在纳入自身，而时间中的定在
是一种自我对立之物、一种具有多样性的东西，无限性在
时间之外。——空间同样是一种自身被外在地设定的状
态，但是在它的对立特征之中，它被称为一种比时间更丰
富的综合。时间的优点是，进程若要在其中发生，只能基

于这样一个事实，即努力绝对地与一个外在的感官世界相对立，而自被设定为一个内在的感官世界，在这个世界之中，自我被假设为绝对的主体，作为点的统一，更通俗地说，被假设为灵魂。——如果时间，作为无限的时间，是总体，那么时间本身就会被扬弃，就没有必要逃向它的名称，逃向被延长的定在的一种进程。对时间的真正扬弃是无时间的当下，或者说，永恒；而在永恒之中，努力和绝对对立的存在都消失了。这种被延伸的定在只是在时间的综合中掩盖了对立，而通过这样与一种和它绝对对立的无限性的粉饰的结合，时间的贫困不但没有得到完善，反而变得更加引人注目。

在努力中所包含的一切进一步的发展，以及从这种发展中显示出来的对立之综合，本身就具有非同一性的原理。体系进一步的整体论述属于一种首尾一贯的反思；思辨没有参与进来。绝对的同一性只是以一种对立的形式，也就是说，作为理念而存在。不完整的因果关系是理念和它的对立面的一切结合的基础。把自身设定在对立之中的，或者把自己限制在自身之中的自我被称为主观的自我，而进入无限物之中的自我被称为客观自我，这两个自我处在这样一种联系之中，即主观自我的"自我规定"是根据客观自我的理念、绝对的自我活动的理念、无限性的理念来确定的，而客观自我、绝对的自我活动则根据主观自我而得到规定。它们的规定是一种相互规定。主观的、观念性的自我——姑且这么说——从客观自我中获得它的理念的质料，也就是说，获得绝对的自我活动、无规定性；客观的、进入无限之中的、实在性的自我受到主观自我的限制。但是，因为主观自我根据无限的理念被规定，所以，它再次扬弃了限制，使客观自我在其无限性中变成有限的，但与此同时，在其有限性中又变成无限的。在这样一种相互规定中，有限性和无限性的对立、实在的规定性和观念的规定性的对立依旧保持着。观念性和实在性并没有统一；或者说，自我既是实在性的又是观念性的活动，只是作为不同的方向才互相区分开来，它在冲动中，在感觉中，在这些特定的不完整的综合中，把它的这些不同方向统一起来，就像我们在下面将要指出的。但是，它们在其中并不能完整地表现自身。在这种被延伸的定在的无限进程中，它无穷无尽地生产自己的更多的部分，但是并不是在将自己直观为主体—客体的永恒性中产生自身。

通过坚持先验直观的主观性，自我依旧保持为主观的主体—客体，这种坚持最明显地显现在自我和自然的关系中，部分地显现在对自然的演绎中，部分地显现在基于这种演绎的科学中。

因为自我是主观的主体—客体，所以，它还留下一个方面，它对立于绝对的客体，它也因这一方面而受到客体的制约。独断论设定了一个绝对的客体，而就像我们已经

72

看见的那样，在这种观念论中，这一设定把自身转变为与自由活动绝对对立的自我限制。自然被自我所设定的这种状态是它的演绎和先验的观点；我们将会看到，它究竟能够走多远以及它的意义是什么。

一种原初的规定性被假设为理智的条件，这在前面被认为是（因为纯粹的意识绝不是什么独立的意识）进一步发展成为经验意识所必要的。自我应该绝对地为自身划定界限；它是主体，而限制是在自我之中并且通过自我而存在的。这种自我划界既是一种对主观活动亦即理智的限制，也是对客观活动的限制。被限定了界限的客观活动是冲动[1]；被限定了界限的主观活动是目的概念。这种双层规定性的综合就是情感（Gefülen）；情感统一了认识和冲动。但与此同时，感觉（Fühlen）只是一种主观物，[2] 与自我等于自我相反，与无规定物相反，它却显现为一种被规定物一般，确切地说，显现为与作为客观物的自我相对立的一种主观物。它显现为一个一般意义上的有限，这个有限既反对无限的实在性的活动，也同样反对观念性的无限性，而在和观念性的无限性处于关联之中时，它显现为一个客观物。但是，感觉自身的基本特征是作为主观和客观、知识和冲动的综合，而因为它就是综合，它与一个无

① 费希特：《道德学说的体系》（1798年），《费希特全集》，第四卷，第105页以下。
② 费希特：《知识学》，《费希特全集》，第一卷，第289页。

规定物的对立消失了，现在，这个无规定物是一种无限的客观的或者主观的活动。从根本上说，情感对于反思而言只是有限的，反思生产了无限性的这种对立；它在其自身中，就像物质一样，既是主观的，又是客观的，也就是同一的，只要同一性还没有把自身建构为总体。

情感和冲动都显现为有界限的东西（Begrenzte），有界限的东西和划界表现在我们身上就是冲动和情感；由各种冲动和情感组成的原初的、确定的体系就是自然（Natur）。因为对它们的意识强加给了我们，而这种由各种划界组成的体系存在于其中的那个实体，同时应该是自由思维与意愿的实体，我们把它设定为我们自己，这就是我们的自然本性①。自我和我的自然本性构成主观的主体—客体，而我的自然本性就是自我中的自己。

但是，必须把自然和自由、原初的受限者和原初的不受限者的对立的两类调和区分开来，而且要证明，调和是以根本不同的方式发生的，这将向我们展示先验立场和反思立场的差别，后者取代了前者，以及这个以新形式出现的体系的起点和结果的差异。

一旦自我等于自我，自由和冲动就是一且同一——这是一种先验的观点。"虽然应该属于我的一部分只有通过自由才是可能的，而另外一部分是独立于自由的，而且自

74

----

① 费希特：《道德学说的体系》，《费希特全集》，第四卷，第109页。

由也应当独立于它，但是，这两部分所属的实体只是一且同一，这个实体被设定为一且同一。感觉的我、思维的我、被冲动驱使的我和凭靠自由意志做出决定的我，是同一个东西。"[1] "我的冲动作为自然本质，我的倾向作为纯粹的精神，［……］从先验的观点来看，是构成我的本质的一个和同一个原始冲动（Urtrieb），不过，它要从两个不同的方面来看待。"[2] 它们的差别只是在表现上。

在另一种情况下，两者是不同的，一方是另一方的条件，一方统治着另一方。虽然作为冲动的自然本性必须被思考为通过自身来规定自己，但是，它的基本特征是和自由的对立。自然本性自己规定自己，这应该理解为：从形式上看，自然本性被其本质规定着要规定自己。它绝不可能是毫无规定的，就像一个自由的存在者可能有的样子。而从物质上看，自然本性也恰好是被规定着规定自己的，但是不像自由的存在者，它并不能在某种确定的规定和它的对立者之间进行选择。[3] 现在，自然和自由的综合导致了接下来从分裂中把同一性建构为总体性。自我作为理智，作为无规定者，——和自我作为被驱动者，作为自然，作为被规定者，因为冲动达到了意识的水平而变成同一个东西；现在，就冲动在我的控制中而言，它完全不在

① 费希特：《道德学说的体系》，《费希特全集》，第四卷，第108页。
② 同上书，第130页。
③ 同上书，第111页，第112页以下。

意识这个区域中发生作用，而是我根据它来起作用或不起作用。[①]——反思者高于被反思者；反思者的冲动，即意识主体，称为更高的冲动；[②]更低的冲动，自然，必须被设定在更高的冲动，即反思的统治之下。自我的一种表现对另一种表现的这种统治关系，应该就是最高的综合。

但这后一种同一性和先验的观点完全对立，在先验的观点看来，自我等于自我，自我处于实体性关系中，或至少还处于相互关系中；与此相反，在这种建构中，一方是统治者，另一方是被统治者，主观并不等同于客观，相反，它们处于因果关系之中，——其中一方成为服从者。在这两个领域中，必然领域从属于自由领域。因此，体系的终结就变得不忠于它的开端了，它的结果也不忠于它的原理。原理是我＝我，结果是我≠我。前者是观念的—实在的同一性，形式与质料是合一的；后者是单纯观念性的同一性，形式和质料是分离的；它是一种单纯形式上的综合。

通过统治而达到的这种综合以如下方式显示出来。纯粹的冲动，即朝向绝对的自我规定，是为活动而活动的，这种冲动和一种客观的冲动，一种限制的体系是对立的。通过把自由和自然统一起来，自由放弃了它的纯粹性，而

---

① 费希特：《道德学说的体系》，《费希特全集》，第四卷，第126页以下。
② 同上书，第131页。

自然放弃了它的不纯粹性。为了使综合活动变成纯粹的和无限的，必须把它思考为一种客观的活动，它的终极目的是绝对的自由，绝对独立于一切自然的活动，——这是一种从来没有抵达过的终极目的，[①] 一个无限的系列，通过这个系列的向前推进，我＝我就是绝对的。也就是说，自我将自身作为一个客体并因此把自身当作一个主体而扬弃。但是，它不应当扬弃自身；于是，对于自我来说，只有一个用各种限制和量（Quantitäten）来充实的、无法确定地延长的时间，而已知的过程应该鼎力相助。在还期待着最高综合的地方，被限制的当前和一个在它之外存在着的无限性之间的这种对立永远保持着。自我等于自我就是绝对，就是总体性，在自我之外不存在任何东西。但是，自我在体系之中还没有走得这么远，而如果时间引入进来的话，就永远不会走得这么远。它绝对受到了一个非我的影响，始终只能把自己设定为自我的一个定量（Quantum）。

就这样，无论在理论的还是实践的考虑中，自然都是一个本质上确定和僵死的东西。在理论的考虑中，它是被直观到的自我限制，即自我限制的客观方面；由于它被演绎为自我意识的条件，并且是为了解释自我意识而被设定的，它就单纯是为了解释而通过反思设定，是一个观念的

---

① 费希特：《道德学说的体系》，第144、131页。

产物。如果自我意识被证明受自然的制约，自然已经因而获得和自我意识同等的尊严，那么，因为自然仅仅是由反思所设定的，所以，它的独立性就再次被消灭了，它的基本特征就是对立。

在实践的方面情况是一样的，在把下面二者——一是无意识地自己规定自己，一是为了自由的缘故①而通过一个概念、自然冲动和自由的冲动进行的自我规定——加以综合时，自然由于自由的因果性而变成了一个实在的产物。结果是，概念应当对自然产生因果性，而自然被设定为一个绝对的确定者。

如果反思把它对绝对的分析完全设定在一个二律背反中，承认其中一个环节是自我、无规定性或者自己规定自己，另一个环节是客体、被规定状态，而且这两个环节都是原初的，那么，它就宣告了二者相对的无条件性，并且因而宣告了二者的相对有条件性。反思不能超越相互限制的这种交互作用。它通过提出有条件的无条件者的二律背反来证明自己是理性，而在它通过这种二律背反指出了对自由和自然冲动的一种绝对综合时，它并没有维持，而是消灭了两者的对立和持存，或者二者之一，它也没有维持而是消灭了自身是绝对和永恒者这种主张，并把自身推入终结的深渊。但是，如果反思宣称自身和与它对立的一方

77

---

① 费希特：《道德学说的体系》，第139页。

是绝对，并坚持因果性的关系，那么，先验的观点和理性就会屈从于单纯的反思和知性，而知性就可以成功地把理性的东西固定为一个以理念形式出现的绝对的对立物。留下来的无非是理性没有能力做到扬弃自身和这样一种假象，即在扬弃了对立的单纯理念之中、在自我的独立性和自然的绝对被规定状态的理念之中出现了一种——不过是知性的、形式的——自然和自由得到调和的状况；自然被设定为一个否定的东西，绝对依赖的东西。但是，对立不会消失，相反——因为它的一个环节持存着，另一个环节也将持存——它被变成无限的。

在这种最高的立场中，自然具有绝对客观性，或者说僵死的特征。只有在一种最低的立场中，它才会带着一种生命的假象，即主体等于客体而出现。如果说在最高立场上，自我没有失去它作为主体的显现这一形式，那么与此相反，自然作为主体等于客体的特征只是一个单纯的假象，而绝对的客观性是它的本质。

78　　也就是说，自然是自我的无意识的产物，而自我的产物是一种自我规定，因此，自然本身就是自我，就是主体等于客体。就像我的自然本性是被设定的，在我的自然之外还有自然，因为我的自然并不是全部自然；在我之外的自然是为了解释我的自然而被设定的。因为我的自然本性通过自身被规定为一种冲动，一种自我规定，因此，在我之外的自然必须被同样的方式规定，而在我之外的这种规定就是对我的自然本性的解释根据。①

现在，反思的产物，例如原因和结果、整体和部分等，在它们的二律背反之中，必定会被这个通过自身而自我规定的东西当作述谓（praediziert），自然因而被同时设定为自己的原因和结果、整体和部分等，自然由此获得的是一个有生命物和有机物的假象。②

在这个立场上，反思的判断力把客观的描绘成有生命的，这个立场变成了一个更低级的立场。也就是说，就自我单独直观到其原初的划界状态以及原始冲动的绝对限制，并因而把自身设定为客观而言，自我发现自己只是自然。但是，在这种先验的立场上，主体等于客体只是在纯粹的意识中，即在不受限制的自我设定中得到承认。但是，这种自我设定却与自身处于绝对对立，这种对立因而被规定为对原始冲动的绝对限制。因为自我，作为冲动，不是依据无限性的理念来规定自己的，因此，它被设定为有限的，这种有限的东西就是自然；但是，作为自我，它同时又是无限的，是主体—客体。因为先验的观点只是把无限的东西设定为自我，所以，它造成了有限物和无限物之间的分离。它把主体—客观性③从显现为自然的东西中抽离出来，留下的无非是客观性的僵死外壳。过去是有限

79

---

① 费希特：《道德学说的体系》，《费希特全集》，第四卷，第113页。
② 同上书，第114页以下。
③ 首版作：Subjekt = Objektivität（主体 = 客观性）。

物—无限物的自然现在被剥夺了无限性，它保持为与自我等于自我相对立的纯粹的有限性。自我在其中曾经所是的东西现在被转移到了主体中。现在，如果先验的观点从自我等于自我这种同一性，在这种同一性中既不存在主观的东西也不存在客观的东西，向前推进到两者的差异，这个差异保持为与自己设定自己的对立、与自我等于自我的对立，而且越来越广泛地规定对立者，那么，它就会来到这样一种立场，自然本身在这种立场上被设定为主体—客体。但不应忘记的是，关于自然的这种观点只是反思在较低立场上的产物。在他对自然的先验演绎中，原始冲动的限制（被设定为客体的东西，就是自然）依旧是一个和原始冲动、真正的本质——它是我＝我，是主体＝客体——绝对对立的纯粹客观性。这种对立是自我成为实践的自我的前提，也就是说，实践的自我必须扬弃对立。这种扬弃可以这样来思考，即其中一方被设定为依赖另一方。自然在实践的考虑中被设定为一个绝对地被概念规定的东西。就它不是被自我规定的东西而言，自我不是因果性或者不是实践的；把自然设定为有生命的那种立场再次消失了，因为自然的本质、自然的自在，应该只是一种限制、一种否定。在这种实践的立场上，理性被当作形式的统一性的僵死的且扼杀性的规则而交给反思，而反思把主体和客体置入相互的依赖关系或者因果关系，并且以这种方式彻底消除了思辨的原理、同一性。

在《自然法权体系》中给出的关于自然的阐述和演绎，自然和理性的绝对对立与反思的统治以最严厉的方式展示了自身。

理性存在者（Vernuftwesen）必须为其自由建立一个领域，它把这个领域记在自己的名下。但是，只有在以下这种对立之中，亦即只有在理性存在者排他性地把自己设定在这个领域之中，以至于任何其他人都不能在这个领域中做出选择时，它才是这个领域自身。它通过把这个领域记在自己名下的方式，同时使这个领域在本质上与自己对立。主体——作为绝对、在自身之中活动的东西和自己规定自己是对于一个客体的思维的东西——在自身之外设定了属于他的自由的领域，并且设定自己与它相分离①，他和这个领域的关联只是一种具有（Haben）。自然的基本特征是成为一个有机物的世界，成为一个绝对的对立者；自然的本质是一个原子化的僵死物，一种更具有流动性或者更加坚韧、更加坚固的物质②，物质以多种多样的方式互为因果。相互作用的概念减少了单纯的原因和单纯的结果之间的完全对立。现在，物质因此以各种各样的方式变得可以相互改变。但是，甚至导致这种薄弱的连接的力（Kraft）也存在于物质之外。它们所借助的而使自己成为

① 费希特：《自然法权原理》（1796 年），《费希特全集》，第三卷，第 57 页以下。
② 费希特：《自然法权原理》，第 67 页以下。

有机整体的那些部分独立性，和部分对于整体的依赖性，是对于概念的目的论的依赖性，因为整体内各部分的分环勾连（Artikulation）①是为了一个他者，即理性存在者而被设定的，而这个理性存在者本质上是和它相分离的。空气、阳光等变成了原子式的、具有可塑性的物质，确切地说，这是指通常意义上的物质一般，它和自我设定的东西直接对立。

通过这样一种方式，与康德相比，费希特更接近于解决自然和自由的对立，并且把自然揭示为一个绝对受动的和僵死的东西。在康德那里，自然同样被设定为一种绝对确定的东西。但是，因为自然不可能被康德所谓的知性思考为确定的，相反，其特殊而多样的显现，在我们人类的推理（diskursive）知性中仍保持为不确定的，所以，它必须被另一种知性思考为确定的；但这样一来，这种应用就只是我们反思性判断力的准则，而完全没有断定这另一种知性的现实性。费希特不需要这种迂回，通过不同于人类知性的、另一种独特的知性的理念，就把自然变成一种确定的东西；〔在他那里〕，自然通过理智和为了理智直接地就是确定者。理智绝对地自己限制自己，而这种自我限制并非派生自自我等于自我，而只是从它那里演绎而来的；也就是说，从纯粹意识的多样性中揭示出它的必然性，对

① 费希特：《自然法权原理》，第61页。

它的这种绝对受限性的直观，对于否定的直观，就是客观的自然。

由此产生的后果，即自然对于概念的依赖性的关系、自然和理性的对立，在人的共同体的两个体系中就变得更加引人注目了。

这个共同体被设想为一个由理性存在者组成的共同体，这个共同体必须走上概念统治的弯路。每一个理性存在者都是一个就对方而言的双重的存在者：（a）一个自由的、理性的存在者；（b）一个可改变的物质，一种仅仅可被当作一个物来对待的东西（Sache）。① 这种分离是绝对的，一旦它在其非自然性中根本地确立起来，彼此就再也不可能有纯粹的关系了，而原初的同一性在那种纯粹的关系中展示自身和认识自身；相反，每一种关系都是根据一种一以贯之的知性法则来统治和被统治。生命共同体的整个大厦是由反思建造起来的。

理性存在者组成的共同体显现为一个以对自由的必然限制为条件的共同体，而自由给自身赋予了自我限制的法律。② 限制的概念组建了自由的王国，在这个王国中，生命的每一个真正自由的相互关系、每一种本身无限的和不受限制的，也就是说美好的关系以下列方式被消灭，即生

82

---

① 费希特：《自然法权原理》，第86页以下。
② 费希特：《自然法权原理》，第85页、第92页以下。

命物被撕裂为概念和质料，而自然进入一种臣服的状态。——自由是合理性（Vernuenftigkeit）的特征，它是自在地扬弃了一切限制的东西，也是费希特的体系中最高的东西；但是，在与他者组成的共同体中，为了使共同体中的一切存在者的自由得以可能，自由必须被扬弃，而共同体又是自由的一个条件。为了成为自由，自由必须自己扬弃自己。这再次表明，在这里自由是一种单纯否定性的东西，也就是说，绝对的无规定性，或者如前所示，是一个纯粹观念性的因素——从反思的立场来看的自由。这种自由发现自己并不是作为理性，而是作为理性的存在者出现，也就是说，与其相对立的一个有限的东西；即便是人格之综合在自身中也已包含了对一种观念性的因素的限制，就像自由在这里之所是。作为理性存在者的理性和自由不再是理性和自由，而是一个个别物。人和他者组成的共同体因此在本质上绝不能被视为对个体的真正自由的一种限制，而应该被视为这种自由的一种扩展。最高的共同体就是最高的自由，无论是在权力还是在权力的行使方面，——但正是在这个最高的共同体中，作为观念因素的自由和作为自然的对立物的理性，都完全消失了。

如果理性存在者组成的共同体本质上是对真正自由的限制，那么，它自在自为地就是最高的专制。但是，因为目前自由只是作为无规定者和观念性因素而受限，所以，仅通过共同体中的这种观念并不会直接产生专制。但是，

83

专制完全是通过这种方式形成的，即为了其他的理性存在者的自由得以可能，应该如何让自由受到限制。也就是说，自由不应该在共同体中失去了它作为一个观念物、对立物的形式，相反，它应该被固定在这种形式中，而且占统治地位。通过一个由活生生的关联组成的真正的共同体，个体已经放弃了它的无规定性，这就是费希特所谓的自由。在这种活生生的关联中，只有这样一种自由，其本身就包含了抛弃自身和进入其他关联的可能性。也就是说，作为观念性因素的、作为无规定性的自由消失了。在一种活生生的关联中，就它是自由的而言，无规定性只是一种可能性，而不是一种占统治地位的现实的东西，不是一个发号施令的概念。但是，在《自然法权体系》中，被扬弃的无规定性不能被理解为自由地限制一个人的自由。相反，在限制被共同的意志提升为法律且被固定为一种概念时，真正的自由，即取消确定的关联的可能性，被消灭了。活生生的关联不再可能是无规定的了，因此也不再是理性的了，相反，它被绝对地规定了，而且被知性固定住了。生命变得唯命是听，反思赢得了对生命的统治，战胜了理性。这种必然的状况（Stand der Not）被断定为自然法权（Naturrecht），但是确切地说，这个断言不具有这样的意识，即最高的目的是扬弃这种状况，并且通过理性建构一种生活组织，这个组织摆脱一切对概念的屈从，并且取代这种知性的和非理性的共同体，相反，必然阶段及其 84

对一切生命行动的无限延伸，被视为绝对的必然性（Notwendigkeit）①。在知性统治下的这种共同体，并没有被设想为必须使自身成为一个最高法则，以扬弃被知性设定在生命中的必然，以及扬弃在一个优美的共同体的真正无限性之中的无穷无尽的规定和统治，通过习俗使得法律成为多余的，通过神圣的享受使不满足的生命的纵情欢乐成为多余的，通过伟大客体的可能行动使被压制的力量的犯罪成为多余；但恰恰相反，概念的统治和自然的奴役被绝对化，并无限地扩展着。

知性必定会陷入无穷无尽的规定中，而这会最直接地显示其原理的缺陷，即通过概念进行统治的缺陷。——甚至连这种必然国家（Notstaat）也认识到它的目标，与其说是在公民发生侵害时进行报复，不如说是防止公民受到侵害。必然国家不仅必须以惩罚的威胁来禁止实际的侵害，而且必须预防侵害发生的可能性。而为了达到这个终极目的，必须禁止这样的行为，尽管这些行为不会伤害任何人，似乎也无关紧要，但会使伤害他人更容易，使保护他人或发现犯罪更困难。② 现在，一方面，除了尽可能自由地利用和享受他的资源，人再也没有其他的冲动使自己臣服于一个国家；另一方面，绝对没有任何行为对他人造成

---

① ［译注］请注意这里的"必然性"（Notwendigkeit）和前文"必然的状况"中的"必然"（Not）之间的语源上的关联。
② 费希特：《自然法权原理》，第 294 页。

侵害的可能性，是这个国家一贯的知性算不出的，而预防性的知性和它的暴力机关、警察的职责都是和这种无穷无尽的可能性打交道。在这种国家的理想中，没有任何行动或活动不必然地受约束于某种法律，被纳入直接的监督之下，并必须受到警察和其他统治者的注意，以至于在一个其政制是根据该原理的国家中，警察对每个公民在一天的任何时候在哪里以及在从事什么事情，都了如指掌。①

① 见《费希特全集》，第三卷，《自然法权体系》，第二部分，第155页。无穷无尽的被规定者如何在自身失去目标和本身，我们最好借助一些例子来阐明。由于警察制度的完善，在不完善的国家中可能存在的大量犯罪行为，比如伪造汇票和货币，是可以预防的。在第148页以下（《费希特全集》，第三卷，第297页以下），我们可以看到以什么样的方式："每个交付汇票的人都必须通过护照证明，他是这个特定的人，在哪里可以找到他，等等。于是，接受者只需在汇票背面的交付者姓名处添加：'使用某某当局的护照。'——只需要多写几句话，只需再多一到两分钟检查一下护照和本人。而且，处理程序和以前一样简单。"（或者说更加简单；因为一个谨慎的人很可能避免接受一个他压根儿不认识的人的汇票，即使这张汇票看起来完全正常。与任何一种方式获得一个人的信息相比，检查护照和人实在是再简单不过的事情了。）——"如果汇票确实是伪造的，那么，只要调查确定了这个人是谁，很快就能找到这个人是谁。任何人都不允许离开一个地方；他只能大门不出，原地待命"（我们的村庄与许多城市没有大门，独门独户的住宅有大门的更少，这一事实并非合适的反对理由；相反，正是因为这样，得出了安装大门的必要性）。"他必须确定他要前往的地方，并且在当地的登记簿上和护照上注明"（这就包含着一个假设，假设守门录事有能力区分一个旅行者和其他的经过大门而进出的人）。"除了在护照上注明的地址，任何其他地方都不会接待他。"——"在护照上，有对这个人的真实的描述（第146页［《费希特全集》，第三卷，第295页］），或因这一描绘总是模棱两可的，在碰上付得起费的重要人物时，"我们这里说的是有能力伪造汇票的人，"取代这种描述的是一张形容极其逼真的画像。"——"护照写在专门为此而制造的纸上，这种纸张掌握在最高当局和下属当局的手中并接受其监督，而当局必须就纸张的用途而提交报告。这种纸张不会被仿造，因为为了伪造汇票只需要一本护照即可，而为了这本护照，必须牵涉那么多的部门，必须把那么多工艺结合在一起"（因此，就可以假设，在一个制度健全、井井有条的国家中，可能只会出现对唯一一一本假护照的需求，那种在普通的国家偶尔会被发现的专门制作假护照的工厂也不会找到顾客。）——但是，为了预防仿造这张享有特权的纸张（根据第152页 （转下页）

在它们一定会向前推进到的那个无限性中，规定和被规定本身被扬弃了。自由的界限本身应当是无限的；在非划界的划界状态这个二律背反中，对自由和国家的限制都消失了；规定的理论通过扩展为无限而消灭了规定，即它的原理。

普通的国家①是不一致的：它把最高的警察法权延伸到最低的伤害可能性，又把公民托付给他们自身，希望每个公民都绝不会首先被一个概念和一部法律限制住，不去改变他人的可改变的物质——就像每个人都能真正这么做，因为每个人作为理性存在者，一定会根据他的自由把自身设定为规定非我的，并赋予自己这种改变物质一般的能力。因此，这种不完美的国家之所以不完美，是因为它必须把这个或那个对立都固定化；它们不一以贯之，因为它们没有在一切［社会的］关联中贯彻这些对立。但是，无限地制造出把人绝对地分裂为理性存在者和可改变的物质的对立，而且造成无穷无尽的规定，——这种一以贯之是自我扬弃的，所以，这种不一贯是不完美的国家中最完

（接上页）［《费希特全集》，第三卷，第299页以下］），也另外设立了一个"旨在预防假币"的国家机构来襄助此事。因为"国家垄断了金属等物，所以，如果不能说明已经得到的金属是给谁的以及供什么之用，那么国家就绝不能把金属交给零售商。"——在普鲁士军队中，每个外国人都只有一位熟人来监督。但是，国家的每个公民却不会像这样只有一个人来监督，而是至少有六七个人从事监督、查账的工作，而这些监督者本人也是如此，以至于无穷。这就像每一笔最简单的生意都会导致无穷无尽的生意。

① 费希特：《自然法权原理》，第301页。

美的东西。

通过纯粹冲动和自然冲动的绝对对立，〔费希特的〕自然法权变成了对知性的完全统治和生命的完全奴役的一种阐述。在这样一座大厦中，理性没有任何份额，因此它就拒绝了这座大厦，因为它必须在把自己塑造为一个民族（einem Volk）的过程中最明确地表达自身，而民族是理性能够赋予自身的最完美的组织。但是，这种知性国家都不是一个组织，而是一台机器，民族不是一种共同的和丰富生命的有机体，而是一种原子化的、匮乏生命的杂多（Vielheit）。组成这种杂多的元素是许多绝对对立的实体，其中一部分是大量的原子式的点、理性的存在者，而另一部分是理性可以以多种方式——也就是说，以这种形式：通过知性——加以改变的物质。这些元素的统一性是一个概念，而把它们连接在一起的东西是一种无限的统治。这些点的绝对实体性为原子主义的实践哲学体系奠定基础，就像在原子主义的自然体系中一样，在这种实践哲学中，对原子来说陌生的知性变成了法律，这种法律在实践中被命名为法权（Recht）。法权是一个总体概念，它必须把自身与每个行动对立，因为每个行动都是一个确定的东西。行动对法权作出规定，并且因此而杀死了它之中的活生生的东西，即真正的同一性。"即使天崩地裂，也要坚持正义"（*Fiat iustitia*，*pereat mundus*）就是法律，但不是在康德赋予它的意义上[①]："让法权得以实现吧，尽管世界上的一切流氓无赖都会毙命"，而是在这种意义上："正义必将实现，尽管为了它的缘故，一切信任、欢乐和爱，一种真正伦理性的同一性的一切潜能，都会像人们所说的那样被连根拔起，斩草除根。"

我们现在转到人的伦理共同体的体系吧。

[费希特的] 道德学说（Sittenlehre）和自然法权学说的共同点是，理念绝对地统治着冲动，自由绝对地统治着自然。但它们的不同之处在于，在自然法权中，自由的存在者屈从于概念一般是绝对的自我目标，以至于普遍意志（公意）的固定化了的抽象必须外在于个体，而且对个体也具有强制力。在道德学说中，概念和自然必须被设定为在同一个人身上是统一在一起的；而在国家之中，应该只有法权统治着，在伦理的王国中，义务只有在被个体的理性承认为法律时，才具有力量。

成为自己的主人和奴隶，似乎确乎比成为陌生人的奴隶要更优越。如果在伦理（Sittlichkeit）中，自由和自然的关系要成为主观的主人和奴隶，成为自然的自我压迫，那么，自由和自然的关系会比自然法权中的关系更不自然，在自然法权的关系中，发号施令者和有权有势者显示为一个他者，在这个活生生的个体之外现身的人。活生生的个

---

① 参见康德：《论永久和平》，第93页。

体在这种关系中仍是有一种包含在自身中的独立性；在其中和它不一致的，就把它排除出去；与之相对抗者是一种外在的力量。即便对于内在的东西与外在的东西一致的信念消失了，但是，对于内在的协调一致的信念，一种作为特征的同一性仍然可能存在着。内在的自然是忠实于自己的。但是，如果在道德学说中，发号施令者迁移到了人自身之中，而在他内部，一个发号施令者与一个唯命是从者绝对地对立着，那么，内在的和谐一致也就破坏了。不一致和绝对的分裂就构成了人的本质。他必须去寻求一种统一性，但是在绝对的非同一性的基础上，留给他的就只有一种形式的统一性了。

应该占据统治地位的概念的形式的统一性，和自然的多样性是互相矛盾的，这二者之间的争夺很快就显示出非同寻常的弊病。形式的概念应该占据统治地位，但它是一个空洞的，必须通过与冲动的关联才能得到充实，因此形成了无以数计的行动的可能性。但是，科学在它的统一性中保持着这个概念，结果，它无法通过这样一种空洞的、形式的基本原理来提供什么。——自我应根据扬弃客观世界的绝对自我活动这一理念去规定自身，应该和客观的自我有一种因果性，并因而进入与其的关联中；与客观的冲动相比，伦理的冲动变成了一种更具混合色彩的[1]冲动，

89

——————

① 费希特：《道德学说体系》，第152页。

并且因此而和客观冲动一样多样化，数量庞大而种类繁多的义务就是从这种冲动中产生的。如果我们像费希特那样坚持概念的普遍性，那么，义务的数量会大大地减少。但那样一来，我们又只具有形式的基本原理。各种各样的义务之间的对立是以冲突的名义发生的，这种对立带来了一个重大的矛盾。如果被演绎出来的义务是绝对的，那么，它们就不会发生冲突。但它们必然发生冲突，因为它们是对立的。出于它们的同等的绝对性，选择是可能的，而由于冲突，选择是必然的。现在存在着并且做出决断的无非就是任性。如果没有任性存在，那么，义务就绝不会和绝对性处在同等的级别上。像人们现在必须说的那样，一方必须比与概念相对立的另一方更加绝对，因为作为义务，所有的义务都是绝对的。但是，由于在发生这种冲突时仍然需要行动，那就必须放弃绝对性，而使一种义务在另一种义务之先。这样一来，现在，为了能实现一种自我规定，一切端赖于通过评判来查明一种义务概念相对于另一种义务概念的优越性，并且根据最佳的识见来在那些有条件的义务之中进行选择。如果任性和禀赋（Neigungen）的偶然性在自由的自我规定中被最高的概念排除在外，那么，从此以后，自我规定就变成了识见（Einsicht）的偶然性，并由此进入了决定偶然性的无意识状态。人们看到，康德在他的道德学说中对每一个绝对地设立的义务都提出了决疑论的问题（kasuistische Fragen），而且人们也不相信，他因此是要嘲讽所设立的义务的绝对性，因此必须假设，他实际上暗示的是对于道德学说而言，一种决疑论有其必然性，并且进而暗示不信任自己的识见的必然性，因为这些识见是彻底的偶然。只不过，偶然性是应该通过一种道德学说而被扬弃的东西；把禀赋的偶然转变为识见的偶然，并不能满足以必然为目的的伦理冲动。

在道德学说和自然法权的这些体系之中，由于自由和必然的两极是固定的、绝对的，就再也不可能设想它们的综合和无差异的点（Indifferenzpunkt）。先验性完全迷失在它的显现中和作为显现的能力的知性中；绝对的同一性在先验性中找不到自身，也不能建立自身。即使在对无限过程的美化中，对立依旧被绝对地固定着。它既不能真正地为了个体而把自己溶化为优美的心灵和作品的无差异的点，也不能真正地为了由个体所组成的完整而又充满生机的共同体而化为一个［宗教的］团体。

在讨论不同地位的义务时，费希特的确在谈到作为道德最后附属物之一的审美艺术家的义务；他把审美感官当作知性和内心（Herz）之间的一条纽带，因为艺术家既不像学者那样只会求助于知性，也不像国民学校的教师那样只求助于内心，而是求助于和它的能力统一在一起的完整心灵（Gemuet）①，所以，他认为审美艺术家和审美教育与

① 费希特：《道德学说体系》，第353页。

— 103 —

促进理性目的有着最有效的关系。[①]

此外，人们不能理解，在像道德学说体系[②]一样基于绝对对立的科学中，如何可能讨论知性和内心之间的统一纽带，讨论心灵的整体性，——因为根据一种概念，自然的绝对规定是知性绝对地统治着内心，而这种统治又以被扬弃了的统一为条件，——所以，审美教育在其中登场的那个完全从属的位置已经显示出了，总的说来，在达到体系的完善的过程中对它的指望是多么少！因此，这就要求艺术和理性目的之促进之间有一种起到最高作用的关联，因为艺术已经为道德准备好了地基，以至于一旦道德登场，艺术就会发现一半的工作已经完成，也就是说，人们已经从感性的束缚中解放出来了。

值得注意的是，费希特已经对美做了极为出色的表述，但在整个体系中却不能一以贯之。他没有从根本上把它应用到体系中，而是错误地直接把它应用到了道德法则的观念上面。

费希特以这种方式表述他的观点："艺术使先验的观点变成了普通的观点，因为世界从前一种观点出发是被造成的，从后一种观点出发是被给定的：从审美的观点出发，世界既是被给定的，又是被造成的。"通过审美的能

---

① 费希特：《道德学说体系》，第355页。
② ［译注］英译者认为，这里应该是指费希特的《伦理学体系》一书。

力，我们承认了理智的生产和向理智显现为被给定物的产物这二者的一种真正的统一，——把自身设定为不受限制的自我和同时把自己设定为受限制的自我的真正统一，或者毋宁说，理智和自然的统一，而后者，正是为了这种可能的统一的缘故，还具有要成为理智的产物的另一方面。对于生产和产物的审美的统一的承认完全不同于绝对的应当和努力（Streben）之设定和无限的过程之设定，——后面这些都是概念，一旦最高的统一得到承认，这些概念就宣告自身是反题（Antithesis），或者说，只是那些从属领域的综合，并因此宣告自身需要更高的综合。

审美的观点可以这样来进一步描述。被给定的世界、自然有两个方面：一方面，它是我们限制的产物，另一方面，它是我们自由观念行动的产物。它在空间中的每种形态都可以被视为它所具有的身体自身内在的丰富和力的表现。接受第一种观点的人看见的只是被扭曲的、被压迫的、可怕的形式；他看见了丑。接受第二种观点的人，看见的是自然、生命和奋发向上的力的充实；他看到了美。① 理智在自然法权中的行动只是把自然生产为一种可改变的物质；它绝不是一种自由的观念的行动，绝不是理性的行动，而是知性的行动。审美的自然观现在也应用到了道德法则上，当然，自然在道德法则面前不应具有美的

---

① 费希特：《道德学说体系》，第354页。

观点的能力。"道德法则绝对地发号施令，压制一切自然倾向。谁要是以这种方式看待道德法则，他就会像一个奴隶一样把自己和它联系起来。但道德法则同时仍然是自我本身，它来自我们自己的存在的内在深处；如果我们服从它，那么，我们仍然只是服从我们自身。凡是这样看待它的人就是以审美的方式看待它。"①——我们服从自己，意味着我们的自然倾向服从我们的道德法则；但是，在以审美的方式把自然直观为身体内在的丰富和力量的表现时，绝不会出现这样一种分离的状态，即我们在根据这种体系的伦理中看到的，在自己服从自己之中，自然倾向受相邻的理性的限制，臣服于概念的冲动。对伦理的这种必然性的观点，而不是审美的观点，必须正好显示出扭曲的、可怕的、受压迫的形式，即丑。

如果道德法则只要求独立性是一种根据或通过概念的规定性；如果自然只是根据许多理性存在者的自由概念，通过一种对自由的限制而成功地获得了它的法权；如果这两种受压迫的方式是人把自身建构成为人的最高方式，那么，在这里都没有给审美的感觉（美感）留下空间，无论它是纯粹地表现自身于它的不受限制的自我享受之中，还是表现于它受到限制的显现中，表现于它的公民的正义中和在它的道德中；因为审美的感觉必定会在最广泛的范围

---

① 费希特：《道德学说体系》，第 354 页。

得到理解，它被当作自由和必然、意识和无意识的统一中的同一性的完整的自我形态。因为在审美的感觉中，一切依照概念的规定都要被彻底扬弃，以至于对它来说，统治和规定的知性的存在者如果遇见了审美的感觉，就会变得面目可憎，令人生厌。

谢林和费希特的哲学原理之比较

如上所述，费希特的原理的基本特征是，主体＝客体摆脱了这种同一性，再也不能在自身之中恢复同一性了，因为差异被引入因果关系。同一性的原理没有成为体系的原理，一旦体系开始形成，同一性就被扬弃了。体系本身是一个由诸多有限性组成的、具有一贯性的知性产物的集合，它不能把这些有限性全部捏合进同一性的焦点中，从而变成绝对的自我直观。主体＝客体因而成为主观的，并且它没有成功地扬弃这种主观性并把自身设定为客观的。

同一性的原理是谢林整个体系的绝对原理。哲学和体系重合了。同一性没有消失在部分之中，更没有消失在结果之中。

绝对同一是一个完整的体系的原理，为了达到这一点，就必须把主体和客体设定为主体—客体。在费希特的体系中，同一性只把自身建构为一种主观的主体—客体。这就必须对它补充一种客观的主体—客体，以便绝对能够在二者的任何一个当中体现出来，绝对只有在二者之中才会完整地汇聚在一起，而且只要这两者是对立的，它就体现为在对二者的消灭中的最高的综合；作为它们的绝对的无差异点，绝对把二者都包含在自身中，既生出它们，而又从这二者中生出自身。

如果对分裂的扬弃被设定为哲学的形式任务，那么，理性能尝试以如下方式完成这个任务，即消灭对立中的一方，把另一方提升为无限。这实际上就是在费希特体系中发生的。但是，在这种方式中，对立依旧保持着，因为被设定为绝对的那个东西是以其他的东西为先决条件的，所以，如一方存在，另一方也继续存在。为了扬弃这种分裂，对立的双方、主体和客体必须都被扬弃掉。通过被设定为同一，它们作为主体和客体而被扬弃。在绝对的同一性中，主体和客体相互关联，因而被消灭掉。就此而言，对反思和知识来说，什么都不存在。任何不能成功地成为一个体系的哲学思考都能走到这一步。它只满足于否定的方面，把一切有限都沉降到无限之中。它当然有可能重新成为知识，而对体系的需求是否与它有关则是一种主观的偶然性。但如果这种否定的方面本身就是原理，那么，它就绝不会走出来成为知识，因为从某一方面看，所有的知识同时进入了有限性的领域。狂热地固守着这种无色之光的观点。只有通过以下方式，在这种狂热中才有一种多样性，即它与多样性作斗争。狂热缺乏对自身的认识，不知道自己的收缩以扩张为条件。它是片面的，因为它自身就坚持一种对立，把绝对的同一性变成一个对立者。在绝对的同一性中，主体和客体被扬弃了，但因为它们在绝对的同一性中，所以能同时继续存在，而其持存使知识得以可能；在知识之中，一定程度上设定了二者的分离。分离的活动就是反思；在被孤立地看待时，反思扬弃了同一性和绝对，而每一种认识严格地说都变成一种迷误（Irrtum），因为其中存在着分离。认识是一种分离，而它的产物是一种有限者，从这个方面看，知识把每一种认识都变成一个受限制者，并且因此变成一种谬误（Falschheit）。但是，只要任何一种知识同时是一种同一性，那么，根本就不会有什么绝对的迷误。——只要同一性被看作有效的，那么，分离也必须在同等程度上被视为有效的。就同一性和分离是相互外在、相互对立的而言，这二者都是绝对的。如果同一性通过消灭分裂的方式而得到保持，那么，它们就依旧相互外在、相互独立。哲学必须让主体和客体的分离得到公正的对待；但是，由于它把分离和与分离相对立的同一性同样设定为绝对的，它就只能把分离设定为有条件的，所以，这种同一性——以消灭对立为条件——也就只是相对的。但是，绝对本身是同一性和非同一性的同一；对立和统一同时存在于其中。

哲学在进行分离，不能不把被分离者（对立者）设定在绝对之中。否则，它们就是纯粹的对立者，这样的对立

96

者的特征只是，其中一方不存在，对方才存在。与绝对的这种关联不是对于这两者的再一次扬弃，因为这样的话它就不是分离的，相反，它们应该依旧保持着分离状态，而且不能失去这种特征，因为它们被设定在绝对中，或者说，绝对是被设定在它们之中的。确实，二者必须要被设定在绝对之中——那么，是出自何种权利要把其中一方置于另一方之前呢？这里不仅涉及同等的权利，而且涉及同等的必然性；因为其中如果只有一方和绝对关联在一起，而另一方没有这种关联，那么，它们的本质不是同等地设定的，二者的统一就不可能了，因此，扬弃分裂这一哲学的任务也就变成不可能了。费希特只是把对立者的一方设置入绝对之中，或者说，设定为绝对。在他看来，法权和必然性包含在自我意识中，因为只有自我意识是"自我设定"，是"主体等于客体"。这种自我意识最初并没有联系于作为一个更高者的绝对，相反，它自身就是绝对，就是绝对的同一。它要被设定为绝对这一更高的法权正是在于，它自己设定自己，而与此相反，客体就不是这样，客体只能通过意识而被设定。但是，客体的身份是一个偶然的身份，这一事实是通过主体—客体的偶然性而得知的，因为它被设定为自我意识。因为这种主体—客体自身就是一个有条件者。它的立场因此而不是最高的立场。它是以一种受限制的形式设定的理性，而仅仅从这种受限制的形式的立场来看，客体才会显现为一种不能自我规定的、绝对的被规定者。因此，这二者必须被设定在绝对中，或者绝对必须以这两种形式被设定，而且二者必须同时保持为被分离者。主体因此而是主观的主体—客体，——客体是客观的主体—客体。因为现在，二元性被设定了，对立者中的每一方都是自己与自己相对立的一方，而且划分无穷无尽，所以，主体的每一部分和客体的每一部分都存在于绝对中，主体和客体的同一性，——每种认知都是真理，就像每一粒微尘都是一个组织。

只有客体本身是一个主体—客体，"自我等于自我"才是绝对的。只有当客观的自我本身就是"主体等于客体"时，"自我等于自我"才不会变成"自我应该等于自我"。

在主体和客体都是一个主体—客体时，主体和客体的对立是一种实在的对立；因为二者都被设定在绝对之中因而具有实在性。对立者的实在性和实在的对立只有通过两者的同一性才能发生。[①] 如果客体是一个绝对的客体，那么它就是单纯观念性的，就像对立也是单纯观念性的一样。由于客体只是观念性的而不存在于绝对中，所以，主体也是观念性的，这些观念性的因素既是作为自己设定自

98

---

① 柏拉图这样表达通过绝对的同一性而达到的实在的对立："真正美好的纽带是能够将自身和它所结合之物融为一体的东西。因为如果任意三个数字，或者三个重量，或者三种力量，都有中项，首项对于这个中项的关系，和中项对于末项的关系是一样的。反过来，末项对于中项的关系，与中项对于首项也是一样的。——那么，中项就成为首项和末项，而首项和末项也反过来成了中项，所以，它们所有三者都必然会变成同一个东西；但是，它们是相互对立的同一者，它们所有三项都合而为一了。"（《蒂迈欧篇》，斯特方努斯分页法，第31—32页）

己的自我，也是作为和自己对立的东西的非我。宣称自我是真正的生命和灵动，是行为和行动本身，是每一个人的意识之中最具有实在性的东西、最直接的东西，这都无济于事。只要自我和客体处于绝对的对立状态，那么，它就不可能是实的东西，而只能是一个观念性的东西，反思的一种纯粹产物，一种单纯的认知形式。通过这种纯反思的产物，同一不可能把自己建构成总体，因为它是通过舍弃绝对同一而形成的，而绝对同一只能以消灭而不能以建构的方式将自身与它们联系在一起。这样的反思产物包括有限性和无限性、无规定性和规定性等。根本不存在从无限者到有限者的过渡，也不存在从无规定者（不确定者）到被规定者（确定者）的过渡。过渡作为综合变成了一个二律背反。但是，反思作为绝对的分离，不允许无限者和有限者、确定者和不确定者的一种综合的出现，而反思就是这里的立法者。它有权使只是一种形式的统一性有效，因为有限者和无限者之分裂是它的功绩，这种分裂得到了允许且被接受。但是，理性把它们在二律背反中统一在一起，并通过这种方式消灭了它们。如果观念性的对立是反思的功绩，反思彻底舍弃了绝对的同一性，那么，实在的对立则是理性的功绩，理性不仅以认识的形式，也以存在的形式把同一性和非同一性这两个对立者设定为同一。只有在实在的对立中，主体和客体被设定为主体—客体，这二者都存在于绝对之中，而绝对也存在于这二者之中，因

99

此也存在于两种实在性之中。因此，也只有在这种实在的对立之中，同一性的原理才是一种实在的原理；如果对立是观念性的和绝对的，那么，同一性就依旧保持为一种单纯形式的原理，它就只是以一种对立的形式被设定，而不能把自身当作主体—客体起作用。其原理是一种形式的原理的哲学自身变成了一种形式的哲学，正如费希特在某处指出的①，对于上帝的自我意识来说——一切都通过自我的被设定存在而被设定在这种意识之中——，它的体系只具有形式的正确性。如果与此相反，质料、客体本身就是主体—客体，那么，形式和质料的分离就消失了，而体系及其原理就不再是一种纯形式的东西，而是兼具形式和物质的；它通过绝对的理性设定了一切。只有在真实的对立中，绝对才会以主体或者客体的形式设定自身，主体根据它的本质转变为客体，客体根据它的本质转变为主体，——主体自身就变成客观的了，因为它原本就是客观的，或者因为客体自身就是主体—客体；或者客体变成主观的了，因为它原本就只是主体—客体。主体和客体都是一种主体—客体，真正的同一性只是因为这一点；同时，也只有它们才能做到真正对立。如果它们不是主体—客体，那么，对立就是观念性的，而同一性的原理就是形式的。在形式的同一性和观念性的对立中，只可能有一种不

① 参见费希特：《全部知识学的基础》，《费希特全集》，第一卷，第253页。

— 117 —

完整的综合或者同一性，因为它把对立者综合在一起，它自身只是一个定量，而根据范畴的种类，差异是质的。在范畴上，第一个范畴比如实在性和第二个范畴都被以量的形式设定在第三个范畴之中。但是反过来，如果对立是实在的，那么，它就只能是量的。原理既是观念的又是实在的，它是唯一的质，而通过量的差异重建自身的那个绝对，绝不是定量，而是总体性。

为了设定主客体的真正同一，这两者都要被设定为主体—客体；现在，每一方自身都有能力成为一门特殊科学的对象。每一门科学都要求舍弃另一门科学的原理。在理智的体系中，对象本身并不是什么（nichts an sich），自然仅仅在意识中有某种持存；而理智的体系根本不考虑客体是一种自然，因此理智被限制为意识。在自然的体系中，我们忘记了自然是一种已知的东西。自然在科学中所获得的观念性的规定也内在于自然。但是，这种互相舍弃对方的抽象并非科学的一种片面性，也不是对于另一门科学的实在的原理的一种主观的抽象（这种抽象是为了知识的利益而做出的，但会在更高的立场上消失）；在这里，情况并不是这样，如果从它自身的角度进行考察的话，在观念论中意识的客体无非就是意识的产物，这种意识的客体恰好是一种绝对不同的东西，在意识的本质之外有一种绝对的持存，——而另一方面，自然在它的科学中被设定为自我规定，并且被设定为观念性地存在于自身中，但是从它自身的角度考察，却只是客体；理性在自然中认识到的任何同一性都只是从知识那里借给它的一种形式。为了获得每一门科学的纯粹性，也就是说，获得两者内在的同一，我们没有从内在的原理，而只是从另一门科学的特殊形式中抽象出来；而从另一门科学的特殊性中抽象出来，就是从片面性中抽象出来。自然和自我意识自在地就是由思辨设定在各自的科学中的；因此，它们自在地就是自身，因为是理性设定了它们。理性把它们设定为主体—客体，因此也就把它们设定为绝对。——而绝对是唯一的自在（Ansich）。理性把它们设定为主体—客体，因为正是理性将自身生产为自然和理智，并且在它们之中认识自身。

为了主体和客体被设定在其中的那个真正同一性，也就是说，由于二者都是主体—客体，并且因为它们的对立由此是一种实在的对立，所以，一方有能力转变为另一方，这两门科学的不同立场绝无矛盾之处。如果主体和客体是绝对对立的，只有一方是主体—客体，两门科学不可能并驾齐驱，享有同等的尊严；只有一种立场是理性的立场。两门科学都完全是由于以下原因才是可能的，即一个和同一个东西（绝对）以它的实存的必然的形式被建构在两门科学中，两门科学看似互相矛盾，因为绝对以一种对立的形式被设定在每一门科学中。它们的矛盾并不能通过以下方式被扬弃，即只有其中一门科学声称是唯一的科学，从它的立场出发，另一门科学应该被消灭。真正地扬弃两门科学的片面性的更高立场是，在两门科学中认识到了同一个绝对。关于主观的主体—客体的科学迄今为止都叫先验哲学，而关于客观的主体—客体的科学则叫自然哲学。就它们互相对立而言，在前面那门科学中，主观的东西都是第一位的，而在后面那门科学中，客观的东西是第一位的。在这两门科学中，主观和客观被设置入实体性的关系。在先验哲学中，作为理智的主体是绝对的实体，而自然是客体，是偶性，——在自然哲学中，自然是绝对的实体，而主体、理智只是一种偶性。现在，最高的立场既不是这样一种立场，在这种立场中，这一门科学或者那一门科学被扬弃了，或者只有主体或者只有客体被宣称为绝对，也不是那样一种立场，在这种立场中，两门科学混合在一起。

两门科学混合在一起是什么意思呢？如果属于自然科学的东西混入了理智的体系，就会出现超验的假说（transzendente Hypothesen），由于意识和无意识的统一的一种虚假的假象，这种假说会使人产生错觉，误认为它们是自然的，但它们实际上没有超越那些明显的事情，例如意识的纤维理论。另一方面，如果理智自身混入了自然的学说，会导向一种超自然的尤其是目的论的解释。这两种混合的错误都是以解释的倾向为起点，为此而把理智和自然设置入因果关系中，把一方设定为根据，而把另一方设定为以之为根据的东西，但通过这种方式，对立就被绝对地固定了，而且通过诸如因果同一性这样的形式的假象，完全截断了通往绝对同一性的道路。

另一种观点认为，这两种科学的矛盾应该得到扬弃，即不让这一门或那一门科学作为关于绝对者的科学。也许二元论能在很大程度上与理智的科学保持一致，并且允许物在客观的领域保持其本来面目。为此，二元论能把自然科学看作一个关于物的本质的体系。让每一门科学成为它想要成为的样子；它们有和平共处的空间。但这样一来，两门科学要成为绝对科学的本质就被忽视了，因为绝对绝不是相互并列的东西。

或者还有一种立场，在其中，一门科学或另一门科学都不会被当作关于绝对者的科学，也就是说，在这样一种立场上，把一门科学的原理设定在绝对之中或者把绝对设定在原理的显现中都要被扬弃。在这里，最值得注意的是通常被称为先验观念论的立场；它声称，关于主观的主体—客体的科学本身就是一门整合性的哲学科学，但也是唯一的科学。如果它声称自己是一门与众不同的科学，那么，这门科学的片面性以及自然界的形式已经显现出来。我们在这里还要考察，从这种立场出发来建构的自然科学会获得什么形式。

康德承认自然的方式是，他把客体［通过知性］设定为一种无规定物，并且把自然阐述为一种主体—客体，他把自然的产物视为自然的目的，没有目的概念却合乎目的，没有机械性却是必然的，是概念和存在的同一性。但与此同时，这种自然观应该只是目的论的，也就是说，只能被视为对我们受限制的、推论性思维的、属人的知性有效的准则；自然的特殊显现并不包含在这种普遍的概念之中。通过这种属人的考察方式，关于自然的实在性，什么都没有说出。因此，这种考察方式依旧是彻底主观的，而自然依旧是一种纯粹客观的东西，一种单纯的观念物。通过知性而规定同时又没有得到规定的自然之综合，在一种感官的知性那里，实际上应该只是保持为一个单纯的理念；实际上对我们人来说，通过机械主义的途径所作的解释与合目的性同时发生，这应该是不可能的。这些虽然具有批判性但完全无足轻重和非理性的观点必定会自我提升，成为一种感官的知性之理念，也就是说，理性，因为它们把同样属人的理性和绝对的理性截然对立起来了。在自身之中，也就是说，在理性中，以下这种情况也并非绝不可能，即自然的机械主义和自然的合目的性同时出现。但是，康德没有放弃区分自在地可能的东西和实在的东西，也没有把一种感官知性所具有的必然性的最高理念提升为实在；因此，在他的自然科学中，一方面，他认为不可能有对诸种基本力之可能性的识见，另一方面，存在着这样一种自然科学，对这种自然科学来说，自然是一种物质，也就是说，自然是一种绝对对立的东西，不能自我规定，只能建构机械力学（Mechanik）。尽管引力和斥力极其贫乏①，但它已经使得物质过于丰富了。因为力是一种内在的东西，它会产生外在的东西，一种等于自我的自己设定自己，而从一种纯粹观念论的立场出发来看，这样一种东西不可能归物质所有。康德只是单纯地把物质把握为客观的、和自我对立的东西。这些力对他来说不仅多余，而且要么是纯观念的（如果这样，它们就不是什么力），要么是超验的。对他来说，没有任何关于显现的力学的建构，而只能有一种关于显现的数学的建构②。显现必须是被给定的，通过范畴来处理显现肯定会产生一些种类的正确的概念；但是，它并没有赋予概念必然性，而必然性的链条是建构科学中形式的东西。对自然而言，概念依旧是一种偶然物，同样，对概念而言，自然也依旧是一个偶然物。通过范畴而正确地建构起来的综合因此而并不必然在自然本身之中找到它的证据。自然只能提供多种多样的游戏（Spiele），这些游戏被视为知性法则的偶然的图式，——例证（Beispiele），而这些例证中的独特性和活生生的东西都消失了，正是因为在它们之中被认识到的只是反思规定。反过来，范畴只是自然的贫乏的图式。③

如果自然只是物质，而不是主体—客体，那么，对于自然——对这种自然来说，认识者和被认识者必须合

105

---

① 参看康德：《自然科学的形而上学基础》，A 第 34 页以下。
② 同上书，A 第Ⅶ页。
③ 康德：《自然科学的形而上学基础》，A 第ⅩⅥ页。

———的这种科学建构也就不可能了。通过与客体的绝对对立而使自己成为反思的一种理性，与其说能够陈述自然的物质的普遍特征，不如说只能通过演绎先天地（a priori）对自然做出陈述。它的物质的普遍特征依然是基础性的，各种各样的进一步规定是为了反思且通过反思设定的。这样一种演绎就有一种先天性的假象，因为它把反思的产物，即概念设定为一个客观的东西；因为它没有做任何其他设定，所以，它当然依旧是内在的。这样一种演绎就其本质而言等同于［沃尔夫的］这种观点，这种观点只承认自然中有外在的合目的性。唯一的区别在于，这种演绎以更成体系的方式从一个特定的点，例如理性存在者的身体，发展而来；在这两种观点中，自然都是一个绝对由——在自然之外的——概念规定的东西。目的论的观念只承认自然是根据外在的目的而得到规定的，这种观点在完整性方面有一个优点，就自然被经验性地给定而言，它能接纳自然的多样性。另一方面，［费希特的］自然的演绎是从一个固定的点出发的，而由于它的不完整性，它所假设的东西太多太多了，——而演绎就是由它们组成的。这一演绎直接满足于它所假设的东西，而据说假设能够直接地提供概念所要求的任何东西。一个现实的自然客体能否单独提供它所要求的东西，对于这个演绎来说无关紧要，演绎只能通过经验发现它。如果这种直接被假设在自然中的客体发现自己不够充分，那么，以另一种形式演绎的客体就会被演绎出来，直到目的发现自己被达到了。这种演绎出来的客体完全取决于那些作为出发点的特定的目的；只有在它们和这个目的发生关联时，它们才能建立起关联。但实际上，它们没有能力建立起任何内在关联，因为如果直接被演绎出来的客体在经验中被发现还达不到应该被实现的概念，那么，因为客体是可以外在地无限地被规定的，所以，这种个别的客体就会产生一种无限的分散的状况。——这种状况大概只能通过演绎把它的各种各样的点转成一个圆才能避免，但是，它又没有能力把自身建立在圆心上，因为从一开始，它就是外在的。对于概念来说，客体是一个外在的东西，反之亦然。

因此，这两门科学都不能把自身建构为唯一的科学，任何一门都不能扬弃另一门。由此，绝对只能被设定为它的实存（Existenz）的一种形式，一旦它把自己设定为实存的形式，就必定会把自己设定在这种形式的二元性之中，因为显现和自我分裂（Sich-Entzweien）是合一的。

由于这两门科学的内在同一性——因为两门科学都阐述了绝对，绝对如何从一种低幂的显现形式出现，并且把自身生育为这种形式的总体性——，每一门科学根据它们的关联和它们的等级系列等同于另一门科学。一门科学是另一门科学的证据。一位昔日的哲学家大概这样说过：理念（主观的东西）的秩序和联系与事物（客观的东西）的秩序和联系是一样的。① 一切事物都只在一种同一性之中；客观的和主观的同一性、自然的和理智的体系是一且同一个东西。每一个主观的规定性，总有同一个客观的规定性与之相应。

作为科学，它们是客观的总体性，而且不断地从一个受限者推进到另一个受限者。但是，每一个受限者自身都在绝对之中，因此也就内在地是一个不受限制者；由于处于体系的关联之中的它被设定在客观的总体性之中，所以，它的外在限制消失了，在这种关联中，它也把真理当作一种受限物，而对它的位置的规定就是关于它的知识。——用雅可比的话来说，体系是一个有组织的无知（Nichtwissen）②，必须在这句话上再加一句，无知——对于个别者的认识——被组织起来了，就变成了一种知识。

尽管这些科学各自为政，但除了这些科学外在的相同，它们的原理也必然地直接地相互渗透。如果一门科学的原理是主观性的主体—客体，那么，客观性的东西同时存在于主观性的体系中，主观性的东西同时存在于客观性的体系中，——自然是一种内在的同一性，就像理智同样是一种内在的实在性。认识与存在这两极（Pole）在每一个当中都存在，因此，二者也都在自身中具有无差异点

① 斯宾诺莎：《伦理学》，第二卷，命题七。
② 参见雅可比：《著作集》，第八卷，第29页。

（Indifferenzpunkt）。只不过，在一个体系中，观念性一极占据优势，而在另一个体系中，实在性一极占据优势。观念性一极在自然中没有到达绝对的抽象的点，而这种抽象把自身设定为在自身之中与无限膨胀的点相对立的东西，这就是观念性一极在理性中建构自己的方式。在理智中，实在性一极也没有最终成为无限的东西①，无限的东西在这种收缩中把自身设定为无限地外在于自身，而实在的东西也是这样在物质中建构自身的。

每一种体系既是自由的体系，又是必然的体系。自由和必然是观念性的因素，因此并不存在于实在的对立中；绝对因而不以两种形式中的任何一种将自身设定为绝对，哲学的科学不可能一门是自由的体系，另一门是必然性的体系。这样一种分离的自由是一种形式的自由，就像一种分离的必然性是一种形式的必然性。自由是绝对的特征，如果它被设定为一个内在的东西的话；在它以一种受限的形式，把自己设定为客观的总体性的一些确定的点时，这个内在的东西依旧保持为其所是，一个没受到限制的东西，即使它因而与它的存在对立；也就是说，这样一来，它被视为一种内在的东西，因此，它就有可能放弃其存在而转变为另一种显现。必然性是绝对的特征，因为它被看作一个外在的东西、一个客观的总体性，因此被看作一种

108

① ［译注］原文作 Einwicklung（卷入），本译文从编者作 Entwichlung（形成、发展）。

外在的并列杂陈，但是，除了在客观性的整体中，它的各个部分却不能获得存在。由于理智和自然被设定在绝对之中，所以，这两者同样具有一种实在的对立，自由和必然这两种观念性的因素属于它们之中的每一个。但是，任性只是一种自由的假象，或者说是这样一种自由，它完全舍弃了作为一种总体性的必然或者自由，——只有就自由已经被设定在一个个别的领域而言，这种情况才能发生——；就像在必然性的领域之中和任性相应的偶然性，它在设定那些个别的部分时，就好像它们不存在于客观的总体性之中并且被它设定，而是单独为了自身而被设定。——任性和偶然，由于它们只有在比较次要的立场上有它们的空间，从关于绝对的科学的概念中被放逐出来了。与此相反，必然性既属于理智也属于自然。因为理智被设定在绝对中，所以，存在的形式属于它。它必须分裂和显现自身。它是认识与直观的一个完整的组织。它的每一种形态都以对立的形态为先决条件。如果这些形态的抽象的同一性作为自由从那些形态本身独立出来，那么，它就只是理智的无差异点的一个观念性的极，这个极有一个客观的总体性作为另一个内在的极。另一方面，自然具有自由，因为它不是一种静止的存在，同时是一种生成，——这种存在没有从外部被分裂和综合，而是在自身中和自己分离统一，它没有以任何形态把自身设定为一种单纯的受限制者，而是自由地把自身设定为整体。它的无意识的发展是一种活生生的力的反思，这种反思无穷无尽地分裂自己，但是以每一种受限制的形态设定自己，而且在它们所有的形态中是等同的。就此而言，没有任何自然的形态是受到限制的，相反，它们是自由的。

因此，如果自然科学根本上是哲学的理论部分，而理智的科学是哲学的实践部分，那么与此同时，每一门科学自身又有其理论部分和实践部分。正如在自然的体系中，在光、沉重的物质的幂次上的同一性并不是自在（an sich）存在的，相反，作为幂次，它是一个外在的东西［力］，这个外在的东西把物质分裂又把它合一为内聚力，并且产生了一个有机自然的体系；同样，对于在客观的直观中生产自己的理智来说，自己设定自己的幂次上的同一性是一个不现存的东西，——同一性在［客观的］直观中没有认出自己。同一性生产了这二者［无机的自然的体系和客观直观的世界］而没有对它的行动进行反思，因此这两者都是理论的部分的对象。然而，理智确实在意志（Wille）中认出自身，并把自身作为自身设置进客观性，消灭了它无意识地生产出来的直观；同样，自然在有机的自然中变成了实践的，因为光进入到它的产物之中，变成了一个内在的东西。如果说在无机的自然中，光把收缩点向外设定在作为一种外在的观念性的结晶体之中，那么，光就会在有机的自然中作为内在的东西成为大脑的收缩，在植物中就成为花，在花中，内在的光的原理散发成色彩并且在色彩之中迅速凋零；但是，在植物之中，以及更稳定地在动物之中，它通过性别的极性同时主观地和客观地设定自身；个体在一个他者之中寻找和发现自己。在动物身上，光更强烈地保持在内部，在动物中，光把自己设定为或多或少可以变化的声音，把它的个体性设定为普遍的交流中的一种主观的东西，设定为自我认识的和有待承认的东西。在自然科学阐述了同一性如何自内而外地重构无机自然的因素时，它也就拥有了实践的部分。重构了的、实践的磁性是对向外扩张到两极之中的重力的扬弃，在大脑的无差异的点上对它进行重构，把两个极向内移动，作为第二个无差异点，正如自然也在行星的椭圆形轨道中设置了这个点。在内部重新建构的电设定了组织的性别差异，每一个组织都通过自身生产出差异，而为了它的缺陷把自身设定为观念性的，客观地出现在另一个组织中，而且必定会在通过与它融合在一起而显示出同一性。就自然通过化学的过程而变成实践的而言，自然会把第三者、调和差异者当作一种内在物而返回自身，这个内部的东西，作为声音，是一种内部的、自己产生自己的发声（Klingen），它像无机过程的第三个物体一样是一个没有幂次的东西（Potenzloses）而且会消失，它消灭有差异的存在者的绝对实体性，使之达到相互自我承认的无差异，达到一种观念性的设定，这种设定在一种实在的同一性中不会像性别关系那样逐渐消失。

迄今为止，我们把两门具有内在同一性的科学对立起来。在一门科学中，绝对是以认识形式出现的主观物，而在另一门科学中，绝对是以存在形式出现的客观物。因为存在与认识是相互对立的，所以，它们变成了观念性的因素或者形式。在两门科学中都存在着二者，但是，在一门科学中，认识是物质，而存在是形式，而在另一门科学中，存在是物质，而认识是形式。因为绝对在二者之中是同一个东西，而两门科学不仅把对立者阐述为形式，而且，是就主体—客体在它们之中设定自身而言；所以，两门科学自身并不处在一种观念的对立之中，而是处在实在的对立之中。因此，它们必须被看作既处在一种连续性之中，又是一门有着关联的科学。就它们是相互对立的而言，它们的确是内在地相互包含的，并且形成了多种总体性，但是它们同时又只是相对的，而作为相对的总体性，它们努力追求无差异点。作为同一和作为相对的总体，无差异点总是存在于各门科学的内部；而作为绝对的总体，它存在于它们之外。但就这两门科学是绝对的科学，且其对立是一种实在的对立而言，它们作为无差异的两极在这个点上是相互关联的。它们自身是把极和中心点连接在一起的线。但这个中心点自身是一个双重的点，一重是同一性，另一重是总体性，就此而言，这两门科学显现为同一性不断向前发展为总体性，或者同一性自我建构为总体性。这两门不断追求无差异点的科学，如果从它们的观念性因素来考察的话，是互相对立的；而这个无差异点是全体，它被设想为绝对的一种自我建构，是它们的最后的和最高的东西。中心点，那个从把自身建构为自然的同一性到它的作为理智的建构的过渡点，是自然的光的内在生成（Innerlichwerden）。——就像谢林指出的[①]，这个过渡点是观念的东西如闪电般突降到实在的东西中，是作为点的自我构建。这个点，作为两门科学的转折点就是理性，是自然的金字塔的最高点，是自然的最后的产物，在这个点上，自然抵达了自身，完成了自己。但是，作为点，它必须同样扩展到自然。如果科学将此点作为中心来建立自身，并且被它把自身分割成两部分，指定一部分从事无意识的生产，另一部分从事有意识的生产，那么，它同时就认识到，理智作为一个实在的因素，接受了在另一方面的自然的全部自我建构，把它转变为自己的领域，并且把以前发生的东西和在它旁边存在的东西都接纳到自身。它还认识到，在作为一种实在的因素的自然之中，在科学中和它对立的东西同样是内在的。这样一来，一切因素的观念性和它们的片面形式都被扬弃了。这就是唯一的更高的立场，两门科学在此已经水乳交融，因为它们的分离只被承认为一种科学的东西，而因素的观念性也只被承认为一种为了科学的利益而被设定的东西。这种观点直接地只是否定性的，只是两门科学之分离的扬弃，以及绝对被设定的

112

---

① 《思辨物理学杂志》，第2卷，第2期，第116页。

形式的扬弃，而不是一种实在的综合，不是一个绝对的无差异点，在这个点上，诸形式因为它们都以统一在一起的方式存在而被消灭了。原初的同一把它的无意识的收缩——主观地看，是感觉的收缩，客观地看，是物质的收缩——扩展为无穷无尽地组织起来的空间上的并存和时间上的相继，也就是扩展为客观的总体性，并且把这种扩张和通过消灭这种扩张而在（主观的）理性的自我认识的点上建构起来的收缩对立起来，也就是和主观的总体性对立起来。这种原初的同一必须在对绝对的直观——这种直观是在自己完成自己的总体性中客观地生成的——中把二者统一，——而这种直观是对上帝的永远的道成肉身、太初之言的证明的直观。

　　绝对自己塑造自己或者自己客观地发现自己，对于这种绝对的直观，同样可以再次在一种极性（Polaritaet）中得到考察，只要这种平衡——一方面是意识，另一方面是无意识——中的一方的因素被设定为占据着优势。在艺术中，这种直观显现为更多地集中于一个点上，并且压倒意识，——要么显现为名副其实的艺术作品，这种艺术作品有时作为客观上流传永久的东西，有时可能会被知性当作一种僵死的、外在的东西，它是个体的产物，天才的产物，但是属于人类，——或者〔直观〕显现在作为一场活生生的运动的宗教中，这场运动是主观的，会瞬间发生的，被知性设定为一种单纯内在的东西；它是群体的产物，是一个普遍的天才的产物，但是它又属于一个个体。在思辨中，这种直观更多地显现为意识，它在意识之中扩展的东西是一种主观的理性的行动，这个理性扬弃了客观性和无意识的东西。如果对于在它的真正范围之内的艺术来说，绝对更多地显现为绝对的存在的形式，那么，对于思辨来说，理性更多地显现为一种在它的无限的直观中自己生产自己的东西；但是，由于思辨确实把理性把握为一种生成，所以，它同时设定了生成和存在的同一性，而对思辨显现为自我生产的东西同时被设定为原初的、绝对的存在。而这个原初的、绝对的存在就它存在着而言只能是生成。思辨深谙以这种方式把意识在它之中所具有的那种优势纳入自身之道——这种优势总归是一种外在的优势。艺术和思辨这二者本质上都是祈祷，——这两者都是对绝对生命的活生生的直观，因此也是一种和绝对生命的合一。

思辨和它的知识因此就在无差异点之中，但不是自在自为地在真正的无差异点之中；它是否身处其中，取决于它是否只承认自己是其中的一面。先验哲学是一门关于绝对的科学，因为主体自身即是主体—客体，而且就此而言，就是理性；如果它将自己设定为这个绝对的主观理性，它就是一种纯粹的，也就是形式的理性，它的产物是理念，和感性与自然绝对对立，只能够作为一种对显现来说陌生的统一性之规则而服务于显现。因为绝对被设定为114 主体的形式，所以，这门科学具有一个内在的界限。它只有通过认识并能够科学地消除这个界限，才能把自身提升为关于绝对的科学，并且提升到绝对的无差异点之中。因为过去人们关于人的理性的边界谈论得太多了，甚至先验的观念论都承认自我意识的"不可理解的限制"，我们一度也被关在这个限制中。但是，当限制在那里被宣布为理性的边界，而在这里则被宣布为不可理喻时，科学也就承认了它无力通过自己扬弃自己，也就是说，不能通过致命的一跃（*salto mortale*）的方式扬弃自己，或者无力再次放弃它把理性设置入其中的那种主观的东西。

因为先验哲学把其主体设定为主体—客体，而且因此成了绝对的无差异点的一个方面，所以，无论如何，总体性都在它之中。整个自然哲学本身作为一种知识都在它的范围之中。不能否认只是构成先验哲学的一部分的关于知识的科学——就像不能否认逻辑学，它为知识提供形式和存在于知识之中的同一性。或者说，不能否认它们孤立作为意识的形式和为了自身而建构显现。但是，这种脱离了知识的一切多样性的同一性，作为纯粹的自我意识，把自身显现为一种相对的同一性，因为它不能以任何形式通过一个对立者而摆脱它的受制约状态。

绝对的原理，即哲学唯一的实在根据和坚定的立场，无论在费希特还是谢林的哲学中，都是理智直观，——对反思而言，它应该表达为：主体和客体的同一。它在科学中变成了反思的对象；而就这样，哲学的反思自身就是先

115　验的直观，哲学的反思把自身变成客体，而且和它合一。这样一来，它就是思辨。因此，费希特的哲学是思辨的真正产物。哲学的反思是受制约的，或者说，先验直观通过自由地抽象出经验意识的一切多样性而进入意识，就此而言，它是一种主观物。如果哲学的反思就这样把自身作为对象，那么，它就把一个有条件者变成了哲学的原理。为了纯粹地把握先验直观，它必须进一步抽象掉这种主观，以至于作为哲学基础的先验直观对它来说既不是主观的，也不是客观的，既不与意识对立，也不与物质对立，而是纯粹的先验直观，绝对的同一；而绝对的同一既不是主观的，也不是客观的。作为反思的对象，它变成了主体和客体；这纯粹反思的产物，在它们持续对立的形式中，哲学反思被置于绝对。思辨的反思的对立面不再是一个主体和一个客体，而是一种主观的先验直观和一种客观的先验直观，前者是自我，后者是自然，——两者都是绝对地自我直观的理性的最高显现（die höchsten Erscheinungen der absoluten sich selbst anschauenden Vernunft）。这两个对立物——现在被称为自我与自然，纯粹的自我意识与经验的自我意识，认识与存在，自我设定与对立，有限与无限——同时被设定在绝对中。普通的反思在这种二律背反中看见的无非是矛盾，只有理性在这种绝对的矛盾中看到了真理，通过这种绝对的矛盾，二者既被设定又被消灭，通过这种矛盾，二者都不存在，又同时存在。

［论莱茵霍尔德的观点和哲学］

还有一些要讨论的，部分是关于莱茵霍尔德对费希特哲学和谢林哲学的看法，部分是关于他自己的哲学。

说到他对费希特哲学和谢林哲学的看法，首先，莱茵霍尔德对两种哲学体系的差异视而不见，其次，他不把它们当作哲学。

莱茵霍尔德似乎没有意识到，一种不同于纯粹先验观念论的哲学，出现在公众面前已经有一些年月了。他莫名其妙地在如谢林创立的哲学中只看到自我性（Ichheit），一种使主观性能够得到理解的哲学原理。[①] 莱茵霍尔德似乎认为谢林的发现是，绝对在多大程度上不是单纯的主观性，它就在多大程度上无非是、只能是单纯的客观性，或者单纯的自然本身；而通达这一发现的途径，是把绝对设定为理智和自然的同一性。[②] ——于是，他马上这样来设

---

① 莱茵霍尔德：《论文集》，第一册，第86页以下。
② 同上书，第85页以下。

想谢林的原理：（a）只要绝对在多大程度上不是一个单纯的主观性，它就在多大程度上是单纯的客观性；以及（b）绝对是二者的同一性。反过来，主客体的同一性原理一定会变成一条道路，以洞察到作为同一性的绝对既不是单纯的主观性也不是单纯的客观性。然后，莱茵霍尔德正确地构想了两门科学之间的关系，即这两门科学当然不只是关于一个和同一个实事（Sache）的不同观点，而是关于绝对的相同性、唯一者（Alleins）的不同观点。正是因为如此，无论是一门科学的原理，还是另一门科学的原理，都不只是单纯的主观性，也不是单纯的客观性，更不是两种原理在其中互相渗透的那个东西，即纯粹的自我性，就像自然一样，被吞噬在绝对的无差异点之中。

莱茵霍尔德认为，一个完全投身于对真理的爱与信仰而非体系的人很容易被说服，这里所描述的解决方法错在把握问题的方式与方法。——但是，莱茵霍尔德对于谢林所理解的哲学的描述到底错在哪里，以及对他来说如何可能把握住他做这些事情的方式和方法，要想探清这些情况绝非易事。

指出谢林在《先验观念论的体系》导言中建立了先验观念论与哲学整体之间以及与这个整体的概念之间的关系，在这里可能无济于事；因为在对《先验观念论的体系》的讨论中，莱茵霍尔德把自己限制在这个导论中，在其中只看到了与之相反的东西。注意到其中某些以最确定的方式陈述出来的真正的观点的段落，同样无济于事；因为莱茵霍尔德在第一次讨论这个体系时援引了这些最确定的段落。这些段落主张，只有在一门具有必然性的哲学的基础科学中，只有在先验观念论中，主观的东西才是第一原理；① 而不是像在莱茵霍尔德那里那样，事情被直接颠倒过来了，主观的东西成了一切哲学的第一原理；作为纯粹主观性的东西，它甚至不是先验观念论的原理，相反，作为后者的原理的，是主观性的主体—客体。

对于那些有能力不把某些特定的表达理解成其对立面的人，也许并非多余的是，把《先验观念论的体系》的导论暂且放在一边，而把注意力集中在最近几期的《思辨物理学杂志》上，尤其是这份杂志的第一卷第二期，谢林在其中是这样表达的（第 84 页以下）："自然哲学是对于观念论的一种物理学的解释。……自然在很早以前就已经为了达到它在理性中能够达到的高度而未雨绸缪了。哲学家之所以忽视了这一点，只是因为在他的第一个行动中他就已经在最高的幂次上把他的客体当作自我，当作被赋予了意识的东西来接受。只有物理学家看穿了这种幻相。……当观念论者把理性看作一切事物的创造者时，他是正确的。……他本身具有自然自己的与人相关的意图。但是，

118

① 谢林：《先验观念论的体系》，《谢林全集》（K. F. A. 谢林编辑出版），第三卷，第 339 页以下。

正因为它是自然的意图，所以，这种［关于创造性的理性的］观念论自身成为某种可以阐释的东西，而观念论的理论的实在性就和这种意图一致了。如果人最终学会了以一种纯粹理论的方式进行思考，以一种纯粹客观不受一切把主观的东西干扰的方式进行思维，那么，他们将理解这一点。"

如果莱茵霍尔德把迄今为止所有近代哲学的主要缺点归结为以下这一点，即人们至今仍然认为思维的基本特征是一种单纯主观性的活动，并且要求尝试抽象出其主观性，[①] 那么，从先验哲学的主观性中抽象出来的这种哲学的基本特征，就不仅体现在刚才援引的段落中，也包含在谢林体系的全部原理中。——这一基本特征在《思辨物理学杂志》第二卷第一期中讨论埃申迈尔的《对自然哲学的反驳》时以更确定的语言表达出来了，在那些取自《先验观念论的根据》的反对意见中，总体性仅仅被设定为一个理念，一种思想，也就是说，一种主观性的东西。

如果说莱茵霍尔德认为，这两个体系的共同点在于它们都是思辨的哲学，那么，对于莱茵霍尔德所特有的立场来说，它们必然只是它们的独特性，在他看来，这并不就是哲学。如果说根据莱茵霍尔德，哲学的主题和原理，也就是说哲学最重要的事务，是通过分析，即通过分离来为

---

① 莱茵霍尔德：《论文集》，第一册，第 96、98 页。

认识的实在性奠基①，那么，其最高的任务是扬弃主体和客体的同一性中的分离的那个思辨，实际上完全无足轻重，而一个哲学体系中最重要的方面，即成为思辨的方面，因此就完全不必加以考虑。思辨不过是一种独特的观点，以及或强或弱的精神迷误。因此，在莱茵霍尔德看来，例如唯物主义也不过是一种在德国没有根源的精神迷失②，而且，他没有从中看出扬弃以精神和物质的形式出现的分裂这样一种真正的哲学需求。如果说这个体系出现在其中的那种文化的地方性，使得它和另一个国家（地方）保持了一定距离，那么问题是，这种距离是不是源自文化的相互对立的片面性。即使它〔法国唯物主义〕的科学价值完全无足道哉，我们也不要误解，例如在〔霍尔巴赫的〕《自然的体系》③ 中，一种对它的时代充满怀疑而又在科学中再生产自身的精神宣告了自己的诞生；同样，我们也不要误解，对于这个时代的普遍欺骗，对于自然本性的闻所未闻的破坏，为那些冒充真理和正义的谎言等而感到悲伤——这种遍及整个国家的悲伤如何仍然保持着足够强大的力量，为了建构从生活现象中逃逸而去的绝对，并且借助于真正的哲学需求和一种科学中的真正思辨把这种绝对建构为真理。这种科学的形式显现于客观的东西的地

<hr>

① 莱茵霍尔德：《论文集》，第一册，第 90 页以下。
② 同上书，第 77 页。
③ 霍尔巴赫：《自然的体系》，1770 年。

方性原理之中，而另一方面，德国文化筑巢于这种主观性的形式中——爱与信仰就属于这种主观性——而常常毫无思辨。——因为以绝对的对立为基础的分析的方面必定会忽视一种哲学的、以绝对的统一为旨归的哲学性的方面，所以，在分析的方面看来最不同寻常的是，正如莱茵霍尔德所表述的那样，谢林把有限者和无限者的连接引入哲学中，——就好像哲学思考完全不同于把有限者设定在无限者之中；——换句话来说就是：以最非同寻常的方式出现的东西是，哲学思考（Philosophi-eren）被引入哲学（Philosophie）。

莱茵霍尔德不仅从根本上忽视了费希特和谢林体系中思辨的、哲学的方面，他甚至把它视为一个重要的发现和启示，因为在他看来，这些哲学的原理把自身转变成为一切事情中最细枝末节的东西，把最普遍的东西、主客体的同一性转变成最特殊的东西，也就是说，费希特先生和谢林先生个人自己的个体性[1]。当莱茵霍尔德从他那受限制的原理和独特的观点这个山巅上，跌入他关于这些体系的受限制的观点的深渊时，这还是可以理解的和必然的。但是，当莱茵霍尔德先是在《德国水星》（*Teutsch Merk-ur*）[2]，后来又在《论文集》[3] 下册以道德败坏（Unsittlic-

---

[1] 莱茵霍尔德：《论文集》，第一册，第153页以下。
[2] 《德国水星》，1801年，第3期，第167—193页。
[3] 在这本书完成之后，他一直在做这项工作。

hkeit）来解释这些体系的古怪反常时，这一转变就是偶然的和令人讨厌的了。这种解释说，这种体系的道德腐败获得了一个原理的形式和哲学的形式。只要人们愿意，可以称这样一种转变为一种卑劣行径，一种因恼羞成怒而采取的紧急措施等，从而诟詈之，因为这样的事情是不受法律保护的。无论如何，一种哲学来自它的时代，如果我们想要把这个时代的四分五裂理解为一种道德腐败的状况，那么，哲学就来自这种道德败坏。——但是，人们进行哲学思考是为了反对时代的礼崩乐坏并从自身中重建人，获得被时代撕扯得四分五裂的总体。

至于莱茵霍尔德自己的哲学，他曾经公开讲过一个故事，其中提到，在他的哲学经历灵魂转世（Metempsychose）的过程中，他首先迈入的是康德哲学，在把它弃置一边后，他转向了费希特的哲学，又从该哲学进入了雅可比的哲学，而在他也离开了雅可比的哲学后，他搬进了巴蒂利的逻辑学。根据他的论文（163页）的说法，他"把他对巴蒂利的逻辑学的研究限制在纯粹的学习、纯粹的接受和亦步亦趋的思考——在这个词的最真实的意义上——上面，以制服（unterzukriegen）那种任性的想象力，并且最终通过新的理性主义类型把旧的先验类型从头脑中排挤出去。"——于是，从此以后，他就开始在他的《论文集》中处理这些类型。《论文集》把人的精神的教化过程中如此重要的一个时代理解为一个新世纪的黎明，"为了祝愿这个新世纪发生的这样一个事实，即一切哲学革命的诱因不早不晚在18世纪倒数第二年被真正发现了，并因而在事实本身中被取消"①。"革命结束了"(La revolution est finie) 在法国已经过于频繁地失去了威信，无独有偶，莱茵霍尔德也已经多次预告了哲学革命的终结。现在，他认识到了诸终结的最后终结，"虽然先验革命的各种恶果还要持续一段很长的时间"，但是他又添加了一个问题："是否它这次又搞错了？是否尽管如此，这个真正的和真实的终结也许再一次只是一个新的欺骗性的转折的开端？"② 也许，必须提出的问题是，是否这个终结在多大程度上不能成为一个终结，它就在多大程度上不能成为任何东西的开端？

说明根据和奠定基础的倾向，在成为哲学之前进行哲学思考的倾向，最终在这里成功地完全地表达出来。它正好发现了自己应该做什么。哲学就是要转变成认识中的形式的东西，转变成逻辑。

如果哲学作为整体，无论是在形式上还是内容上都在自身中为自己奠定了基础，并且为认识的实在性奠定了基础，那么，另一方面，说明根据和探究基础因为群集了考验、分析、原因、程度、后果和条件，——所以既不是从

① 莱茵霍尔德：《论文集》，第一册，第Ⅳ、Ⅵ页。
② 同上书，第Ⅴ页以下。

自身中产生的，也没有迈入哲学。无端的恐惧感在它忙碌于各种事务之际与日俱增，对它来说，一切探究都过于草率，每一个开端都是不瞻前顾后，就像每一种哲学都只是一种预备练习。科学声称它可以通过下列方式在自身中为自己奠基，即它绝对地设定它的每一部分，并且因此在它的开端中，在它的每一个个别的点上建构起一种同一性和知识。作为客观的总体性，知识越是为自己奠基，形成的认识也就越多，而它的各个部分只能借助于这个认识的整体而得到奠基。圆心和圆周如此紧密地关联在一起，以至于圆周的第一个开端已经和圆心建立一种关联，而如果不是所有的关联、这整个圆周都是完整的，那么，这个圆心就不是完整的。——这个整体不需要一种特殊的奠定基础的把手，就像是地球不需要一个特殊的把手，以便自己能被一种力量掌握，这种力量引导地球围绕太阳旋转，同时在它的全部活生生的形态多样性中维持住它。

但是奠基倾向一直忙于寻找一个把手，并向一种活生生的哲学接近。它把这种接近（Anlauf）变成真正的工作，而通过它的原则，它又使自己不可能成功地达到知识和达到哲学。逻辑的认识，如果它真正地向理性推进的话，就必定会被引向这样一种结果，即它在理性中消灭自身。它必须承认二律背反是它的最高法则。莱茵霍尔德的主题是思维的应用，在他那里，由于 A 在应用中实际上被设定为了 B，思维作为 A 在 A 中并且通过 A 的无限可重复性①，当然这就会变成一个二律背反。但是，这个二律背反是完全无意识和未得到承认地存在着的，因为思维、它的应用和它的质料相互并列、和平共处。因此，〔在莱因霍尔德那里，〕思维作为抽象的统一性的能力和认识一样是纯形式的，而整个奠基行为应当只是成问题的和假说性的，直到人们跟随时代潮流在成问题和假说性的东西的推进中遇见了真（Wahre）之中的原真（Urwahre）以及通过原真（Urwahre）的真（Wahre）。② 但是，这在一定程度上是不可能的，因为从一种绝对的形式性中绝不可能达到物质性（两者是绝对对立的），更不可能达到一种绝对的综合，因为绝对的综合肯定不只是一种单纯的接合（Fuege）；——一定程度上它根本不可能从一种成问题和假说性的东西那里获得奠基。或者，认识和绝对之间有一种关联，它变成了主客体的同一性，思维与质料的同一性。因此，它就再也不是形式的，一种非常可怪的知识产生了，而早于知识的奠基活动又被耽误了。这种陷入知识中的恐惧没有任何东西可以依靠，除了以它的爱、它的信仰，以及凭借分析、条理化和叙事坚持到最后的倾向来安慰自己。

如果只是接近（Anlauf）而不能越过沟渠，那么，错

---

① 莱茵霍尔德：《论文集》，第 108 页。
② 同上书，第 90 页以下。

误不应被归咎于这种接近的不断重复，而应归咎于接近的方法。真正的方法是，通过这种方法，在沟渠的此岸，认识就已经被拖入这种接近的活动空间了，而哲学也被还原成逻辑。

我们还不能立刻转向将哲学放置到接近的区域中的方法的考察，相反，我们首先必须讨论莱茵霍尔德认为对哲学来说必不可少的那些前提，换言之，我们必须为了接近而讨论接近。

莱茵霍尔德把对真理的爱和对确定性的爱称为哲学思考的先行条件，而探究知识的努力必须以哲学思考的先行条件为出发点。因为这个条件足够快并且足够容易得到承认，所以，莱茵霍尔德并没有在这里磨磨蹭蹭。[①] 事实上，哲学反思的客体只能是真和确定的东西。如果现在意识充满了这种客体，那么，一种以爱的形式进行的对主观性的反思，在其中就没有任何地盘。这种反思首先通过把主观的东西固定下来的方式制造爱，确切地说，它所制造的爱是这样一个崇高的对象，就像是真理一样。——至少那个被这种爱灌注了生气的个体［莱茵霍尔德］假设真理是极其崇高的东西。

莱茵霍尔德认为，哲学思考的第二个本质性的条件，即相信真理是真理，并不会像爱那么容易地得到承认。信

---

① 莱茵霍尔德:《论文集》，第67页。

仰（相信，Glauben）这个词已经足够充分地表达出了它应该要表达的东西。在与哲学联系在一起时，大概可以把对理性的信仰（相信理性）当作真正的健康来谈论。"相信真理是真理"这个表述是床上架床，屋上叠屋，这并没有使它更加令人满意，反而往里面加了一些不恰当的东西。

关键是，莱茵霍尔德郑重其事地解释说，人们不应该问他，相信真理是什么意思。因为不是通过自己而清楚那个表达的含义的人，就不会有和不会认识到这样一种需求，即发现它只能在以这种信仰为出发点的知识中证实它的需求。他在这个问题中并不理解他自己。莱茵霍尔德"于是对他无话可说了"。[1]

如果莱茵霍尔德相信自己有足够充分的理由假设［真理］，——那么，我们就能够以同样充分的理由发现一个超越一切证明的崇高者的前提，以及从这里推断出来的、在先验直观的假设中做出假设的理由和必要性。正如莱茵霍尔德本人所说的那样，费希特和谢林还是把先验直观这个纯粹理性所特有的行为描述为一种退回自身的行为；[2] 但是，如果有人想要追问对于莱茵霍尔德的信仰的一种描述，那么，莱茵霍尔德对他根本就无话可说。不过，他所做的事情要多于他相信自己应该要去做的；他至

---

[1] 莱茵霍尔德：《论文集》，第 69 页。
[2] 同上书，第 141 页。

少通过和知识的对立规定了信仰：信仰是一种绝不可能通过知识而得以确定的持以为真（Fuerwahrhalten），而对于何为知识的规定既可以在成问题的和假说性的奠基过程中，也可以在知识和信仰共同的领域中得到证明，而且因此使这个描述得以完成。

如果莱茵霍尔德相信，通过一种假设就可以使他免去进一步论证的一切麻烦，那么与此相反，令他觉得奇怪的是，费希特先生和谢林先生居然做出了假设。在他看来，他们的假设是一个异乎寻常的个体意识中的一种特质，这个个体被赋予一种假设的特殊感官，在其论文中，公开了纯粹理性的行动认识与认识行动。① 莱茵霍尔德甚至相信自己曾经身处这个魔法圈中，由于他摆脱了这个圈子，所以现在，他感觉自己有能力揭示这个秘密。他泄露出来的秘密是，最普遍的东西，理性的行动，对他而言变成最特殊的东西，变成费希特先生和谢林先生独有的一种特征。——对于一个对莱茵霍尔德的爱与信仰不清楚的人来说，莱茵霍尔德感觉到对他无话可说，那么，这个人必定会同样把莱茵霍尔德视为共享一个奥秘的魔法圈的成员，这个奥秘的拥有者，作为爱与信仰的代表，同样会佯装配备了特殊感官。——这个奥秘在这个异乎寻常的个体的意识中升起并展现，并且想要通过《逻辑学纲要》和处理

126

① 莱茵霍尔德：《论文集》，第140页。

《逻辑学纲要》的《论文集》公开发表出来。

与先验直观的奇怪要求相比，爱与信仰的假设听起来更加令人惬意、更加温情脉脉。这样一种温情脉脉的假设可以让公众变得更虔诚，而冷冰冰地假设的先验直观，却只能使公众心生反感。但是，这无关宏旨。

从现在起，我们来到了主要的预设，它最终直接关涉哲学思考。那种甚至只是为了被设想为尝试而必须在哲学之前预设的东西，莱茵霍尔德称之为原真（Urwahre），① 即自身就是真和确定的东西，一切可以把握的真的解释根据。但是，哲学的开始必须是真正地第一个把握到的东西，确切地说，是真正的、第一个把握到的东西；在哲学思考中，这个东西暂时以成问题的方式和假说的方式被假定为努力（Streben）。然而，在作为知识的哲学思考中（im Philosophieren als Wissen），首要之事是证明自己是唯一可能的第一位的东西。其次是在何种范围内、何时以及在何种程度上可以完全确定地表明，第一个可以理解的真自身、可以认识的东西和认识的可能性与现实性，是否以及为什么通过作为在可能性和现实性中显示自身

---

① 在这里，莱茵霍尔德保留了雅可比的用语，却没有保留其实质（Sache）。正如他所说，他不得不背离雅可比。如果雅可比把理性当作真之预设（Voraussetzung des Wahren）的能力，那么，他把真设定为与形式的真理相对立的真正的本质（wahre Wesen），但是，作为怀疑论者，他却否认它能够被人认识；与此相反，莱茵霍尔德说，他已经学会了思维真，——通过一种形式的奠基，而在雅可比看来，在这种东西中是不可能找到真（das Wahre）的。

的一切的原始根据的原真而是可能的；以及它如何以及为什么通过原真而是真的，这个原真，在它和可能性与现实性之间的关联之外，但又借助于这种关系而启示自身，是绝对不可把握的东西、不可解释的东西和不可命名的东西。①

从作为一种原真的绝对所具有的这种形式中，我们可以看到，哲学的目标不是通过理性来生产知识与真理；我们还看到，以真理的形式出现的绝对并不是理性的一项工作，相反，它已经自在自为地是真实和确定的，因此也是被认识了的和已知的。理性自身并不能显示出一种与它的能动联系；相反，理性的任何活动，绝对通过这种活动所取得的任何形式，都应该被视为绝对的一种变化，而原真的一种变化可能会产生迷误。根据莱茵霍尔德的看法，哲学思考意味着，借助绝对被动的接受性，把已经完全完成了的知道的东西（Gewusste）纳入自身，——这种方式的方便性是无可否认的。毋庸置疑，在认识以外的真理和确定性，无论是信仰或者知识，都是一种无稽之谈，而只有通过理性的自我活动，绝对才变成真和确定者。但是，我们可以理解的是，如果要求思维自身通过理性的活动而把自身提高为（potenzieren）知识，通过科学创造出相对于意识而言的自然，而主体—客体绝不是不通过自我活动就

128

---

① 莱茵霍尔德：《论文集》，第 70—75 页多处。

可以创造出自己的东西，那么，预设了一种现成的原真的这种方便法门肯定会令人大跌眼镜！由于借助了一种方便的思维习惯，完全根据一种哲学的乌托邦的理想，在知识中发生了反思和绝对的统一；在这个理想中，绝对把自己烹调成一种真和已知的东西，完全让自己沉溺于对于这种只需要张一张口的思维被动性的享受。那种费了九牛二虎之力才完成而又以断然和绝对的方式表达出来的创造性建构被驱逐出了这个乌托邦。一种成问题的和假说性的摇晃，使果实从生长于沙滩之上的认识之树上掉下来了，但是，这些果实本身已被咀嚼和消化过的。如果整个哲学事业都被还原为期望进行一种成问题的和假说性的尝试与序曲，而不是任何别的东西，那么，绝对就必然会已经被设定为原真的和已知的。如果是这样，从问题和假说当中怎么可能得出真理与知识呢？

但是，如果以及因为哲学的预设就是自在地不可把握的东西和原真，那么，就此而言，预设只能在一种可以理解的真之中宣告自己，而哲学思考不能以一种不可理解的原真为出发点，而必须以一种可以理解的真为出发点。——［莱茵霍尔德的］这个推论不仅无从证明；相反，毋宁说，我们可以得到与之正相对立的结论：如果哲学的预设，原真，是不可把握之物，那么，原真就会借助于一个可以把握者，通过它的对立来宣告自己，而这种宣告因此是错误的。相反，我们必须说，哲学确实必须借助概念来开始、向前推进并且结束，但是从不可把握的概念（unbegreiflichen Begriffen）开始、向前推进并且以之结束。因为在对概念的限制中，不可把握者不是被宣告了，而是被扬弃了。把二律背反中相互对立的概念统一起来，对于概念的能力来说是一个矛盾，但它不是单纯地成问题的和假说性的概念，相反，由于它和不可把握者的直接关联，这种统一是不可把握者的断言性的无条件的显现，以及通过反思而在概念之中真正揭示不可把握者的可能性。如果根据莱茵霍尔德的看法，绝对只是在身处它和（它在其中显示自身的）现实的东西与可能的东西的关系之外时是一个不可把握者，因此，它可以在可能的东西和现实的东西之中被认识，那么，这就只能是通过知性而获得的认识，而绝不可能是关于绝对的认识。因为，在理性直观到现实的东西和可能的东西与绝对之间的关系时，理性正是因此而扬弃了作为可能的东西和现实的东西的可能的东西和现实的东西。这些规定性和它们的对立者都在理性面前消失了；理性通过这种方式不是把外在的显现认识为启示，而是认识了那个把自身启示出来的本质存在者。——另外，它必须认识到，一个概念自身、思维的抽象统一性，不是那个存在者的一种宣告，而是它从意识中的消失。当然，这个本质的存在者本身没有消失，只是从这样一种思辨中消失而已。

我们接下来转而考察被还原为逻辑的哲学的真正的事

务。通过对作为思维的思维之应用进行分析，发现和建立带有真的原真，以及通过原真而发现和建立真，我们看到了这里所要求的形形色色的绝对：

(a) 思维首先并不是在应用中、通过应用和作为一个被应用者而变成一种思维的，相反，在这里，必须要理解它的内在的特征，即一事物和同一者在一事物和同一者中以及通过一事物和同一者的无限可重复性，——纯粹的同一性，绝对，把一切相互外在者、［时间中］前后相继者、［空间中］相互并列者都从自身之中排除出去的无限性。[①]

130　　　(b) 思维的应用是一种与思维自身截然不同的东西；所以，可以肯定，思维自身绝不是什么思维的应用，可以肯定，要在思维的应用和通过这种应用达到思维，就必须

(c) 添加一个第三者＝C，思维应用的物质。[②] 物质在思维中部分被消灭了，部分被假设变成和思维嵌合在一起的物质性（Materiatur），接受和预设物质的许可与必然性基于以下事实：如果不存在一种物质，思维就不可能得到应用。现在因为物质不可能是思维之所是，——因为如果物质和思维是同一个东西，那么，它就不是另一个东西，

---

① 莱茵霍尔德：《论文集》，第100页、第106页以下。
② 同上书，第107、110页。

也就不会发生什么应用问题，因为思维的内在特征是统一性，——所以，物质的内在特征与它正好相反，也就是多样性。[①] ——以前仅仅被当作经验性的被给定物而被接受的东西，从康德时期以来就被假设了，而这种东西现在就是"保持为内在性的"；只有在主观性的东西之中——客观的东西必定被假设——，在被冠以意识的事实的名称下，经验性地被给定的法则、（或者如果你愿意这么说的话）形式才得到允许。

正如上文已经提过的，至于思维，莱茵霍尔德就把近代哲学的根本缺陷设定在这样的基本偏见和恶劣积习之中，即人们仅仅把思维当作一种纯主观的活动；他还请求，只是为了尝试，暂时放弃思维的一切主观性和客观性。但是不难看到，一旦思维被设定为纯粹的统一性，也就是说舍弃了物质性的统一性并因此而舍弃了一切对立的统一性，而且，对于一种和思维本质上截然不同的和完全独立于思维的物质的假设必然会随着这样一种抽象而来，——那么，那些基本偏见和基本错误自身不遗余力地粉墨登场。在这里，思维本质上不是主体和客体的同一性，而这种同一性被刻画为理性的活动的根本特征，而且

131

---

① 参看巴蒂利：《第一逻辑学纲要》（1860 年），斯图加特，第 35、114 页；莱茵霍尔德：《论文集》，第一册，第 111 页以下。

与此同时，只有通过它同时是二者的方式舍弃了一切主观性和客观性；相反，在莱茵霍尔德看来，客体是思维假设的一种物质，而思维因此无非就是主观性的。即使人们愿意同意莱茵霍尔德的请求，舍弃了思维的主观性，把它同时设定为主观性的和客观性的，并且因此而同时不再具有二者中的任何一种述谓，那么，这种情况仍然不会发生，相反，通过一个客观的对立，思维会被规定为一个主观的东西，而绝对的对立会被变成通过逻辑而陷入还原中的那种哲学的主题和原理。

根据这种原则，综合也就被取消了。莱因霍尔德用"应用"这个通俗的词语来表达它；但是，即使在这种简陋的形态中——两个绝对的对立者在得到综合时也不能从这种形态中获益多少——综合也不会赞成莱茵霍尔德的这种主张，即哲学的第一个主题应该是一种可以把握的东西。因为甚至应用的那种微不足道的综合也包含着一种从统一性向多样性的过渡，是思维和物质的一种统一，因此，这种综合本身包含着一种所谓的不可理解的东西。为了能进行综合，思维和物质就必须不能被绝对地对立，而是原初地就被设定为合一的。这样一来，我们就回到主体和客体奇特的同一性、先验直观、理智思维。

然而，在这种先行的和导论性的阐明中，莱茵霍尔德并没有显示出《第一逻辑学纲要》（译按：以下简称《纲要》）中能够有助于减轻绝对的对立所包含的一切类型的

困难的东西。也就是说，在被假定的物质及其演绎出来的
多样性之外，《纲要》还假定了物质具有一种能够被思维
的能力和灵活性。除了在思维中被消灭的物质性，一定还
存在着某些绝不能被思维消灭的东西，甚至对于一匹马的
各种知觉都不缺少这种东西，——这就是一种独立于思维
的形式，因此这种形式根据自然的法则并不能被形式毁
灭，而思维的形式就必须使自己和之相适应。换言之，除
了那个不能被思维的物质性，物自身（Ding-an-sich），肯定
存在着一种绝对的质料，这个质料独立于表象它们的主
体，但是在表象中却与形式关联在一起。① 莱茵霍尔德一
直把形式和质料的这种关联命名为思维的应用，而避免
"表象"（Vorstellen）这个表述，而巴蒂利就是用这个表述
来表达它的。也就是说，可以断言，［巴蒂利的］《逻辑学
纲要》无非是［莱茵霍尔德的］《基础哲学》的老调重弹。
然而，看起来，人们并没有把这种意图归到莱茵霍尔德的
名下，即似乎他想要把在哲学读者群体中不再得到青睐的
《基础哲学》以一种［对于巴蒂利的《逻辑学纲要》］几乎
不作任何变化的形式重新引入到哲学的世界；情况正好相
反，在他看来，心无杂念地接受和专心致志地学习逻辑
学，就是使所有人不知不觉地和他自己一起入校求学。在
《论文集》中，莱茵霍尔德提出了下列论证根据反对这种

———

① 巴蒂利：《第一逻辑学纲要》，第 66、67、68、69 页和第 114 页以下。

关于实事的观点：

1. 首先，莱茵霍尔德本人并不在巴蒂利的《逻辑学纲要》中寻找他的《基础哲学》，相反，他在其中看到了"与观念论的亲缘性"，而且因为巴蒂利在任何一个场合提到莱茵霍尔德的理论时都极尽刻薄嘲讽之能事，所以，他愿意在巴蒂利的著作中发现的可以是任何一种其他的哲学，而不是他自己的哲学；

2. 在《逻辑学纲要》中出现的"表象""被表象者"和"单纯的表象"等词的使用是完全和《基础哲学》的作者使用这个词的意义是对立的，这一事实莱茵霍尔德应该比任何人都知道得更清楚；

3. 任何人要是主张《逻辑学纲要》在任何可设想的意义上都是莱茵霍尔德《基础哲学》的改写，都显然说明这个人没有理解他正在评论的这本书。①

对于第一项理由，那种刻薄的嘲讽，我们没有必要深入探讨。其他的理由都是一些断言，其说服力来自把﹝莱茵霍尔德﹞的《理论》②的主要因素与《纲要》做一个简短比较。

根据莱茵霍尔德的《理论》，表象作为内在条件，其本质组成部分包括：

---

① 莱茵霍尔德：《论文集》，第一册，第 128 页以下。
② 莱茵霍尔德：《人类表象能力的一种新理论》，布拉格和耶拿，1789 年。

1. 表象的质料，被给予接受性的东西，它的形式是多样性；

2. 表象的形式，通过自发性而被生产出来的东西，它的形式是统一性。[①]

在《逻辑学》中：

1. 思维，一种活动，它的基本特征是统一性；

2. 物质，它的特征是多样性；

3. 上述两种要素之间的关联，在莱茵霍尔德的《理论》和巴蒂利的《逻辑学》中都叫作表象（Vorstell-en），只是莱茵霍尔德一直说"思维的应用"。形式和质料、思维和物质在二者中以同样的方式各自独立存在着。

至于物质，有以下几点，需要注意：

1. 在莱茵霍尔德的《理论》和巴蒂利的《逻辑学》中，物质的一部分是自在之物，在《理论》中，就它是不可表象的而言，它是对象本身。[②]——但是，它和可被表象的对象本身[③]一样不能被否认的，在（《逻辑学》中）这里，是在思维中必定会被消灭的物质性，物质那不能被思维的方面。

2. 客体的另一部分，在《理论》中是表象的已知的质

134

---

① 莱茵霍尔德：《人类表象能力的一种新理论》，布拉格和耶拿，第230、255—285页。

② 同上书，第244页。

③ 同上书，第433页。

料①，在《逻辑学》中是独立于思维的、不可剔除的客体的形式②。思维的形式必须把自己和客体的形式结合在一起，因为形式不能消灭形式。

那么，这就是客体的由两个部分组成的特征。一方面是相对于思维而言的绝对的物质性。思维不能把自己和它结合，实际上，思维除了消灭它，也就是舍弃它，就不知道如何处置。另一方面是这样一种属性，它属于完全独立于思维的客体，但又是一种使得它适合于被思维的东西，思维必须尽可能地使自己和它结合。思维必须超越这种二分的特征，使自己一头扎入生活（Leben）③。在哲学中，思维在脖子断了的情况下从这种跌倒状况中进入这样一种绝对的二元性。这种二元性无限地变化它的形式，但总是产生出一种且同一种非哲学（Unphilisophie）。在他最新出版的关于自己学说的理论中，莱茵霍尔德发现——就像那个不知不觉地用自己的酒窖招待自己使自己达到最满意程度的人——一切希望和愿望都得到了实现，哲学的革命在新世纪也走向了终结，结果，从现在起，在普遍有效的哲学还原之中，通过逻辑学，哲学的永久和平已经直接登上了历史舞台。

就像每一期《政治杂志》过去常常以叙事开始，在这

---

① 莱茵霍尔德：《人类表象能力的一种新理论》，第 304 页。
② 巴蒂利：《纲要》，第 82 页。
③ 同上书，第 69 页。

座哲学酒庄中，莱茵霍尔德以这种叙事开始他的新工作，即一次又一次，事情的结果总是和最初的预想大相径庭："不同于他在革命之初的庄严宣告，不同于他在革命的过程中试图促进它的进展——不同于他在革命行将结束时以为功成事遂；他问他是否会第四次重蹈覆辙？"[①] ——否则，如果以前所犯错误的数量能够使得或然性的计算更加简便，并且能够把所谓权威的东西考虑在内，那么，我们就可以在莱茵霍尔德这三个已经确认过的错误之外，从这个权威——但是，按照这个标准它实际上绝不可能是什么权威——的文集中再列举几个：

1. 例如，根据第 126 页，莱茵霍尔德认为，他不得不永远放弃他自认为已经在费希特的哲学和雅可比的哲学之间发现的一个中间立场；

2. 在第 129 页上，他相信、希望，"巴蒂利的哲学中本质性的东西可以追溯到费希特哲学中本质性的地方，而且反之亦然"，以及"他试图竭力说服巴蒂利相信，他是一个观念论者"。但是巴蒂利并没有对此坚信不疑，相反，巴蒂利的书信（第 130 页）迫使莱茵霍尔德从根本上放弃了观念论；

3. 由于在巴蒂利身上的尝试以失败告终，莱茵霍尔德急切地求助于费希特认真对待《纲要》，他大声疾呼："如

---

① 莱茵霍尔德：《论文集》，第一册，第Ⅲ—Ⅵ页。

果费希特能够穿过他的字眼和您（巴蒂利）的字眼的堡垒，而达到和您的统一，那对于这一有益的事业来说是一个多么大的胜利啊！"——结果如何，众所周知。

最后，在莱茵霍尔德的历史观方面，不能忘记的是，事情完全不同于莱茵霍尔德所设想的，因为他相信他在谢林哲学的一部分中看到了整个体系，而且认为这种哲学是人们通常所说的观念论。

把哲学还原为逻辑，最终的结果如何，对此还不好轻易地预测。为了坚持自己停留在哲学之外并继续进行哲学思考，这项成果太有帮助了，以至于它不会不受欢迎。不过，它随身携带着自己的法庭。也就是说，因为它必须从反思的立场的众多可能的形式中随便选择一种形式，所以，每一个人都可能随心所欲地为自己创造一种不同的形式。这样的一种情况就叫，"一个旧体系被新体系取代"，而且它必定是这个意思，因为反思形式必须被当作体系的本质。所以，连莱茵霍尔德本人也在巴蒂利的《逻辑学纲要》中看到了一个与他自己的《理论》中的体系不同的体系。

奠基的倾向旨在把哲学追溯到逻辑学，这样一种倾向，作为哲学的普遍需求的一个方面的一种自我固定的现象，在多种多样的文化梦想中占据它必然的和确定的客观位置。这种文化梦想和哲学有一种关联，但是在它们成功地成为哲学之前，显示出了一种固定的形态。发展在达到自己的完善之前生产自身，而在它的发展路线中的绝对必定同时在每一个点上阻碍自己，把自己组织为一个形态，绝对在这种多样性中显现为自我形成的东西。

如果哲学的需求没有达到哲学的中心点，那么，它会以分离的状态显示出绝对的两个方面，绝对同时是内在的和外在的，本质和显现，——尤其是内在的本质和外在的显现。外在的显现本身变成绝对客观的总体性，变成了分散的多样性，以致无穷，而多样性在奋力朝向无限的数量时，显示出它与绝对的无意识的关联。人们必须公正地对待非科学的劳作，在它奋力把经验性的东西扩展到无限的东西时，它感觉到了对总体性的一种需求，但正因如此，质料最终必然会变得极其稀薄。这种努力借助无限的客观的质料构成与稠密的一极相对立的一极，稠密的一极力求保持在内在的本质中，由于它的精纯的质料的收缩而不能形成科学的扩张。由于它的无穷无尽的忙碌，那些经验的劳作在它所处置的那个本质存在者的死亡中造就了一种活动，尽管它没有引入生命。如果说达那伊得斯姐妹由于水一直漏出而永远倒不满坛子，那么，那些劳作并不是这样，因为，它们通过锲而不舍的灌注，使其大海的边界无限地延伸。如果她们没有得到满足，发现还有什么东西没被浇灌到，那么，这种经验的忙碌就会在无边无际的水面上发现永恒的营养。因为肯定了这句格言，即没有任何创造性的精神会深入自然的内部,[①] 所以，经验主义放弃了创造精神和一种内在性的希望，放弃了激活死物使它成为自然的希望。——另一方面，那些耽于空想的人的内在重力轻视水，而本来通过把水添加到这种稠密中，质料就会把自己结晶为一种有生命的形态。有一种潜滋暗长的冲力源于要生产一种形态的自然必然性，这种冲力阻挡住成为这种形态的可能性，把自然溶解入各种精神，并且把它们塑造为无形态的形态；或者，如果反思占据优势，压倒了幻想，那么，就形成了真正的怀疑主义。

一种通俗哲学，也就是一种标准哲学（Formularphilosophie），构成了两极之间的一个错误的中心，这种哲学没有把握到两极中的任何一个，因此，它认为它不但能通过使两者之中任意一者的原理保持它的本质不变而感谢它们，而且可以通过改变它们的原理而使其相互依偎。它没有把两极都包容在自身中，相反，它使这两者的本质消失在表面的变化和相邻的统一中。因此，通俗哲学对于这两种哲学原理只是一个外来者，就像这两种哲学原理对于思辨的哲学一样也是外来者。从分散的极来看，通俗哲学采纳了对立的原理，但是，对立者应当不是单纯的没完没了的显现和概念，而它们中的一个应当也是无限的和不可把

138

---

① 参看阿尔布莱希特·冯·哈勒：《人类德性的虚伪》，载《瑞士诗歌实验》，伯尔尼，1732 年。

握的。这样一来，耽于幻想者对于某种超感性的东西的需求也就得到满足。但是，分散的原理鄙视超感性的原理，就像耽于幻想者的原理鄙视与超感性的对立和除它之外的任何一种受限制者的持存。通俗的哲学为无限者和有限者的绝对非同一性的原理提供了一个中心点的所有假象，而这种假象被思辨的哲学拒绝了，思辨哲学通过绝对的同一性而把被分裂者的死亡重新提升为生命；而通过把有限和无限吞噬在自身中并且慈母般一视同仁地设定它们的理性，思辨的哲学奋力追求对于有限和无限的这种同一性的意识，即奋力追求知识与真理。

德汉术语对照

Abgrund 深渊

Abstraktion 抽象，舍弃

Absolute 绝对，绝对者

Ahnung 预感

Anschauung 直观

Ansich 自在

Antinomie 二律背反

Antithesis 反题

Aufheben 扬弃

Bedingung 条件

Beduerfnis 需求，需要

Begriff 概念

Bestimmung 规定

Bestimmtheit 规定性

Bewusstsein 意识

Bildung 教化，文化

Dasein 定在

Deduktion 演绎

Denken 思维

Differenz 差异

Endzweck 终极目的

Einheit 统一性

Endlichkeit 有限性，有限

Entzweiung 分裂

Erkennen 认识，认知

Erscheinung 显现

Ewigkeit 永恒

Exsitenz 实存

Form 形式

Freiheit 自由

Ganze 整体

Gedanke 思想

Gefuhel 情感

Gegensatz 对立

Gegenstand 对象

Geist 精神

Gemeine Menschenverstand 普
通的人类知性

Gemeinschaft 共同体

Gesetz 规律，法律，法则

Gesetzte 被设定者

Gestalt 形态

gesund Menschenverstand 健全的人类知性

Glauben 信仰，相信

gleich 相等的，相同的

Gleichheit 平等，相同性

Gleichgewicht 平衡

Gott 上帝，神

Grund 根据

Grundsatz 原理

Ich 我，自我

Idee 理念

ideell 观念的

Idealismus 观念论，唯心主义

Identitaet 同一，同一性

Indifferenz 无差异

Indifferenzpunkt 无差异点

Individuum 个体

Innere 内在物，内在的东西

Innerlichwerden 内在化

Intelligenz 理智

Intellektuelle Anschauung 理智直观

Interesse 旨趣，兴趣

Kategorie 范畴

Knecht 奴隶

Kraft 力

Kunst 艺术

Kunstwerk 艺术作品

Leben 生活，生命

Lebendiges 有生命物

Liebe 爱

Logik 逻辑，逻辑学

Macht 力量

Mannigfaltigkeit 多样性

Materie 物质

Materiatur 物质性

Mechanik 力学，机械学

Moralitaet 道德

Natur 自然，本性

Naturphilosophie 自然哲学

Not 必然，困境

Notwendigkeit 必然性

Objekt 客体

Organisation 组织

Philosophie 哲学

Philisophieren 哲学思考，哲思

Pol 极

Potenz 幂次

Prinzip 原则，原理

Quantitaet 量

Quantum 定量

real 实在的

Realitaet 实在，实在性

Recht 法权，权利

Reflektion 反思

Regeln 规则

Religion 宗教

Satz 命题

Schoenheit 美

Sein 存在

Selbstbewusstsein 自我意识

Setzen 设定

Sittlichkeit 伦理

Sittenlehre 道德学说

Sollen 应当

Spekulation 思辨

Stoff 质料

Streben 努力，奋力向前

Subjekt 主体

Synthesis 综合

System 体系，系统

Taetigkeit 活动

Totalitaet 总体，总体性

Transzendentalphilosophie 先验哲学

transzendent 超验的

Trennung 分离

Trieb 冲动

Uebersinnliche 超感性物

Unbestimmtheit 无规定性

Unendlichkeit 无限性，无限

Unphilosophie 非哲学

Unterschied 差异，区别

Urwahre 原真

Urteilskraft 判断力

Vernichten 消灭

Verstand 知性

Vernunft 理性

Vernunftwesen 理性存在者

Vorstellen 表象

Vorstellung 表象，观念

Wahre 真

Wahrheit 真理

Werden 生成

Wesen 本质，存在者

Widerspruch 矛盾

Wille 意志

Willkuer 任性

Wissen 知识

Wissenschaft 科学

Zeit 时间

Zweck 目的

德汉著作名对照

Bardili，*Grundriss der ersten Logik*

巴蒂利：《第一逻辑学纲要》

Karl A. Eshenmayer，*Naturphilisophie*

埃申迈尔：《自然哲学》

Fichte，*Zweite Einleitung in Die wissenschaftslehre*

费希特：《知识学》"第二导言"

Fichte，*Grundlage der gesamt Wissenschaftslehre*（1794）

费希特：《全部知识学的基础》（1794 年版）

Fichte，*Wissenschaftslehre*

费希特：《知识学》

Fichte，*Ueber den Begriff der Wissenschaftslehre*

费希特：《论知识学的概念》

Fichte，*System der Sittenlehre*（1798）

费希特：《道德学说的体系》（1798 年版）

Fichte，*Grundlage der Naturrechts*

费希特:《自然法权原理》(1796 年版)

Albrecht von Haller, *Die Falschheit der menschlichen Tugend*

哈勒:《人类德性的虚伪》

Holbach, *System de la nature*（1770）

霍尔巴赫:《自然的体系》(1770 年版)

Kant, *Zum ewigen Frieden*

康德:《论永久和平》

Kant, *Metaphysische Anfangsgruende der Naturwissenschft*

康德:《自然科学的形而上学基础》

Teutsch Merkur

《德国水星》

Platon, *Timaios*

柏拉图:《蒂迈欧篇》

C. L. Reinhold, *Beitraege zur leichteren Uebersicht des Zustandes der philisophie beim Anfange des 19. Jahrhunderts*

莱茵霍尔德:《十九世纪初叶哲学状况概览论文集》

Reinhold, *Versuch einer neuen Theorie des menschlien Vorstellungsvermoegen*

莱茵霍尔德:《人类表象能力的一种新理论》

Schelling, *Transzendentaler Idealismus*

谢林:《先验观念论体系》(或《先验唯心主义体系》)

Schleiermacher, *Ueber die Religion. Reden an die Gebildeten unter ihren Veraechtern*

施莱尔马赫：《论宗教：对蔑视宗教者中的有教养者的讲话》

Spinoza，*Ethik*

斯宾诺莎：《伦理学》

Versuch schweizerischer Gedichte

《瑞士诗歌实验》

Jacobi，*Werke*

雅可比：《著作集》

Zeitschrift fuer spekulative Physik

《思辨物理学杂志》

译后记

《费希特和谢林哲学体系的差异》（以下简称《差异论文》）之于黑格尔的意义，就像《感性世界和知性世界的形式和原则》之于康德、"战时困境讨论班"之于海德格尔，它在黑格尔哲学思想发展的历程中具有突出地位。这本书篇幅不大，问世于 1801 年 9 月，当时他抵达耶拿不久。在很多人看来，这部作品表明了黑格尔作为谢林哲学的追随者为谢林哲学辩护的用心，但平心而论，这部著作虽带有谢林的色彩，却是黑格尔哲学最初的、笨拙而隐秘的独立宣言。关于这篇作品的意图和性质，黑格尔研究专家平卡德说得非常中肯：

不过，……这本著作仍然不是纯谢林哲学的尝试。在他（按：指黑格尔）努力把自己塑造成一位体系哲学家的过程中，他一开始就以一种不同于谢林本人使用过的方式为谢林本人的观念和术语作辩护，把这样的辩护当作他自己义不容辞的任务，因为谢林的观念颇类似于他在法兰克福时期通过与荷尔德林的探讨而制定出的观念。结果写出了一部具有高度原创性的、"黑格尔式的"文本，然而它本身却是以一部"谢林式的"哲学作品出现在公众面前的。它同时显露黑格尔在此期间正在努力解决后康德唯心主义发展中最为基本的问题和他始终不仅仅只是一位政治思考者或宗教思考者（平卡德：《黑格尔传》，商务印书馆，第163—164页）。

在谈到黑格尔早期思想的发展时，迪特·亨利希曾说："黑格尔思想的发端就决定了他完全不可能孤立地去进行思考，他身处一群重要的朋友中间，每天与他们的交往促使他形成自己的思想。如果不能够准确地认识黑格尔的发展之路，就不可能对他的思想道路获得充分而恰当的理解。而且，他们都属于革命性事件频发的那个时代，这些革命发生在政治和社会领域，也发生在意识和思想领域。黑格尔和他的朋友们将自己看作是这些事件的测振仪，而他们的工作就是去促进这些革命的完成。"亨利希的这段话强调了黑格尔思想的发展既和社会历史的状况相关，又和他的朋友们对其思想刺激有关。黑格尔早期思想经历了非常复杂的发展、变化，而荷尔德林和谢林对他的"教导"几乎是决定性的。也正是在离开荷尔德林和在谢林的帮助下，黑格尔在耶拿获得教职之后，其哲学发生了重大变化，或者说找到了自己哲学体系的坚实地基。这就体现为《费希特和谢林哲学体系的差异》这本小册子。黑格尔在《哲学史讲演录》中谈到近代哲学时说："从笛卡尔起，我们踏进了一种独立的哲学。……在这里，我们可以说到达了自己的家园，可以像一个在惊涛骇浪中长期漂泊之后的船夫一样，高呼'陆地'。"也许，黑格尔在写作本书时，也像那个船夫一样，感觉自己结束了长期漂泊的生活而走上了哲学的康庄大道。

黑格尔早年非常关心宗教问题和政治问题，但其思想成熟的标志是他认识到了形而上学问题的重要性：要最终理解宗教、道德和政治的本性，就必须深入形而上学，探索它们的源头或根据。黑格尔对现代文化的描述是对立或分裂："对立以精神和物质、灵魂和身体、信仰和理性、自由和必然等形式表现出来，而且在许多受到限制的领域还以某些方式显得举足轻重，想要承担起与人类利益相关的一切重担。"（见本书第21页）也就是说，由于近代文化的主观性特征，近代哲学试图通过对人的认识来认识世界本身，但是，经由这种方式，我们已经无法像古代哲学一样通过上帝或者存在本身认识到万物的原初的统一性。《差异论文》以认识到现代文化的内在分裂作为前提，以康德、费希特和莱茵霍尔德等人的哲学为批判对象，力求揭示主观性反思哲学的内在机制，从而寻求恢复主客体的原初同一的可能性。在这里，值得注意的是，黑格尔的理性概念已经融贯了古希腊的客观理性与现代的主观理性，或者说，他要在康德唯心论以及费希特和谢林对它的推进的基础之上重建古代的客观理性。

《差异论文》的核心内容是黑格尔借助他所接受的谢林哲学而对康德、费希特和莱茵霍尔德等人的哲学展开批判。黑格尔充分表彰了康德的先验哲学和费希特的绝对自我的学说，因为它们都是朝向绝对本身的努力，但它们没有脱离主观性反思哲学的范围，仍然固执同一性与非同一性的对立，最终导致停留在主观的统一性。虽然黑格尔认为康德哲学在精神和原则上是思辨的，是纯正的唯心主义，但其实质仍旧是反思，这就使得康德反对主观主义的尝试最终不脱将理性主观化的命运。费希特明确宣称自我意识是一个绝对的前提而绝不是什么主体自我反思的产物，并赋予它以直接的、非反思的明证性，这与康德相比固然是一个巨大进步。但在黑格尔看来，费希特的绝对自我是主观的，这个主观的自我的基本表现是，"通过坚持先验直观的主观性，自我依旧保持为主观的主体—客体，这种坚持最明显地显现在自我和自然的关系中，部分地显现在对自然的演绎中，部分地显现在基于这种演绎的科学中"（见本书第81页）。意识到了康德先验自我的困境并试图克服这个困境的费希特甚至比康德走得更远，有论者指出，"费希特的体系实际上仍然具有主体性反思哲学的特征，知识学所达到的统一性是以主体与客体的绝对对立为前提的，而建立在这样一种绝对自我之上的一元论体系会比康德的先验观念论更为彻底地陷入虚无主义的深渊"（罗久：《理性、自然与伦理形而上学》，商务印书馆，第275页）。

关于《差议论文》中黑格尔对谢林的态度，历来有不同观点，但总的来说，把这个时期的黑格尔看作谢林亦步亦趋的哲学学徒，这种看法恐怕已难以成立了。黑格尔，就像尼采眼中的希腊人，具有天才的学习能力和吸收、同化各种外来事物的能力，他从来不是谢林思想简单的接受者和传播者，他也是创造者。当时的哲学界总体上只把谢林视为费希特哲学的推进者，而没有看到他们之间的根本差异，黑格尔深刻的地方在于，他不仅看到了费希特和谢林哲学体系之间的差别，他更加看重它们分别以怎样的形式发展了康德哲学，它们之间的本质差别是什么。费希特寻求第一原理的努力必然会导致将自我看作第一原理，非我也因而必然被理解为由自我所设定的东西，费希特因此是一个主观唯心论者。与此相反，谢林认识到了主观的观点和客观的观点都是自觉的生活必不可少的东西，无论使用哪一个来描述绝对都是有欠缺的，绝对必定要成为主观的观点和客观的观点的"无差异点"。黑格尔认为，费希特的哲学也是思辨的产物，但是，唯有谢林的哲学才真正抵达了绝对的原理："思辨的反思的对立面不再是一个主体和一个客体，而是一种主观的先验直观和一种客观的先验直观，前者是自我，后者是自然，——两者都是绝对地自我直观着的理性的最高显现。这两个对立物——现在被称作自我与自然，纯粹的自我意识与经验的自我意识，认识与存在，自我设定与对立，有限与无限——同时被设定在绝对中。"（见本书，第 136 页）

《差异论文》的核心是寻求哲学的最高原理，它在这里体现为对知性和思辨之不同本性的揭示，并暗示从这个原理出发建立哲学体系的可能性。知性是一种受到世界限制的能力，它只能致力于理性提供给它的东西，因此知性本身是有限的；而思辨却是唯一普遍的、指向本身的理性活动，理性可以通过思辨把握自己存在的根据。在此意义上，《差异论文》展示了黑格尔找到自己的哲学或者说哲学本身的最高原理的道路。当然，本书既可以视为黑格尔哲学发展史中一部里程碑式著作，在一定意义上也可以看作黑格尔所写的一部"当代哲学史"，把它和《哲学史讲演录》中关于德国古典哲学的部分对照阅读，也是极有意味的。

三年前，东方出版中心的陈哲泓编辑约我翻译《差异论文》，我非常爽快地承接了这项译事，因为在此之前，当时还在人民出版社工作并实际主持《黑格尔著作集》编译出版事务的张振明君多次征询我是否愿意承担校订《黑格尔著作集》第二卷译文的工作，我断断续续对照着德文原著和中文译文读过一些，由此对本书的翻译工作有了一定准备。本书依据苏尔坎普出版社（Suhrkamp Verlag）的理论版《黑格尔著作集》第二卷第 9 页至第 137 页的 *Differenz des Fichteschen und Schellingschen System der Philosophie(1801)* 译出，在一些没有把握的地方参考了英译本（*The Difference Between Fichte's and Schelling's System of Philosophy*, trans. by H. S. Harris and Walter and Cerf, State University of New York Press, Albany, 1977）。英译本有很多注释，对于理解本书非常有帮助，建议读者一步阅读。在校订译本期间，陈哲泓编辑建议我参考已有宋祖良等前辈的中译本，并热情地为我找到该书，但我担心译文受旧译影响而没有采纳。非常感谢特约编辑王宇澄、责任编辑陈哲泓在出版过程中所付出的辛勤努力，也非常怀念我们因为一些译名、译法而进行的探讨或"争执"。

本译文容有错误，还请读书界和研究界不吝赐教。

王志宏

2024 年 2 月于昆明